1ヶ月で **洋書** が読める

タニケイ式 **英語
リーディング**

谷口恵子
Keiko Taniguchi

改訂版

はじめに

どうして洋書を一冊読み切るのは難しいのか

「大好きなあの本を原書で読んでみたいけど、今の自分の英語力では読める気がしない」

「洋書にずっと憧れているけれど、最初の一文から難しくて読み進めるのはハードルが高い」

「洋書を買って数ページ読んだことがあるものの、続けられず途中で挫折してしまった」

　読書が好きで、お気に入りの海外小説があったり、作家がいたりする方や、英語に興味のある方であれば、「洋書を一冊読み切ってみたい」という憧れを抱いたことがあるのではないでしょうか。

　ただ、英語ネイティブの人たちが実際に読んでいる作品、特に、彼らが何時間もかけて読むような大作を一冊読み切るのは、私たち日本人にとってはなかなか大変ですよね。最初はがんばって読んでいても途中で挫折してしまったり、一文を理解するのに時間がかかりすぎて、読み終わるのに何年かかるのだろうと絶望してしまったり。そもそも、英語力に自信がなくて、時間をかけたところで「内容が理解できないんじゃないか」と心配になることもあると思います。

　英語で書かれた作品を読むのですから、英語力があるに越したことはないのですが「英語が得意な人なら洋書が読めるのか」というと、それは必ずしも「イエス」ではありません。

　私は現在、英語学習コーチとして活動しています。学生時代から英語が得意科目で、社会人になってからは英会話スクールに通ったり、独学でトレーニング

をしたりして、英語力を伸ばしてきました。英語学習コーチになる前には、外資系のIT企業やグローバルに展開している日本企業に勤めていたので、頻繁に英語のメールを読み書きしていましたし、英語でのテレビ会議や電話会議にも時折出席していました。「仕事での英語のコミュニケーションにはそこまで不自由を感じることがない」くらいには英語力が身に付いていたのです。

それでも、洋書を一冊読み切ったことはありませんでした。洋書に挑戦してみたくて、『プラダを着た悪魔』の原作の著者の別の小説を買ってみましたが、すらすら読むのにはほど遠く、特にわからない単語が多すぎてひどくストレスを感じました。単語を調べながら読んでいくと、その度に読書が中断されるような感覚になり、内容に入り込んで楽しむことなどできないのです。反対に、単語を一切調べずに推測で読み進めてみたこともありました。何日もかけて本の半分くらいまで読んだものの、その頃にはストーリーが全くわからなくなっており、結局読み終わることなく本棚にそっと戻したのを覚えています。

このように、英語力のレベルにかかわらず、多くの日本人にとって「洋書を一冊読み切る」ことの難易度は高いのです。それは一体どうしてなのでしょうか。

洋書に適した読み方をしていない

日本では、多くの方が中学・高校の6年間、必修科目として英語の授業を受けてきました。得意・不得意はあるにしても、少なくともみなさんこれだけ英語の学習はしてきたのです。そこで、英語の授業中にやった「長文読解」を思い出してください。授業では、先生が一文ずつ「S（主語）」「V（動詞）」を書き込んだり、意味の区切りごとにスラッシュを入れたりしながら、文法の解説をしてくれたのではないでしょうか。

また、英文を一文ずつ日本語に訳すことも多かったと思います。英語と日本語は、主語や述語などの語順が違うので、きれいな日本語に訳そうとすると、一つの英文を行ったり来たりしながら何度も読み返すことになります。このように、私たちは学校の授業を通して「英語を丁寧に正確に読む」癖がついているのです。

しかし、このような学校で習ってきた読み方は、洋書を一冊読み切ろうという時には適していません。なにより時間がかかりすぎてしまい、最後までたどり着くのは厳しいでしょう。なんとか読み切れたとしても、恐らく疲労感が大きくて、「ああ、面白かった！　次はこれを読んでみよう！」といった気持ちにはなれないと思います。洋書を読むためには、英語ネイティブが洋書を読むように、できるだけスムーズで自然な読み方を身に付ける必要があるのです。

ネイティブと圧倒的な単語力の差がある

また、洋書を読み進めるにあたり、最もネックになるのが「わからない単語が多い」ということではないでしょうか。もともと英語が苦手な方はもちろん、英語が得意でそれなりに単語力のある方でも、洋書を開くと、初めて目にする英単語のオンパレードであることが珍しくありません。

その理由の一つは、私たちがこれまで覚えてきた英単語の多くが「試験対策用」だった、ということです。学校では、英語はあくまで教科の一つであり、期末試験や入学試験が控えていますから、試験に頻出の英単語を優先的に覚えてきたのです。しかし、試験に頻出の単語と、日常で読書を楽しむための洋書に出てくる単語は異なります。

英語ネイティブの小中学生が読むような児童書には、私たちの知らない単語が次々に出てきます。たとえば、映画化された児童書 "Charlotte's Web"『シャーロットのおくりもの』（E.B. ホワイト著）の第1章を読んでいくと runt（小さな子）、sopping（ずぶぬれの）、weakling（体の弱い動物）、queer（奇妙な）、wobble（揺れる）など、中学・高校で習わず、TOEIC などの試験にもほとんど出てこないような単語を目にします。洋書をすらすら読むためには、洋書に出てくるような単語を知らなければならない、ということです。

英語の長文を読み続けるのに慣れていない

　実際に洋書を少しでも読んだことがある方なら実感していると思いますが、本当に長い英文に慣れていないと、たった数ページ読んだだけで、どっと疲れを感じてしまいます。これは、英語が得意で、試験の長文問題を解き慣れている方にとっても同様でしょう。なぜなら、試験で出される長文というのは全部で数百ワード程度（TOEIC Part7 の読解問題の、長めの文章でも約 300 ワード）なのに対して、洋書は児童書でも 3 万〜 5 万ワードもあるからです。大人向けの洋書では 7 万〜 10 万ワード、長めの推理小説などでは 10 万ワードを超えるものもあります。

　英語の試験に出てくる長文と実際の洋書のボリュームは、「短距離走」と「長距離走」くらいに違うのです。短距離走を得意とする人が、必ずしも長距離を走れるわけではありませんよね。長距離走には長距離走のための走り方があるように、洋書一冊を読み切るためには、長い英文を読み続けるのに適した読み方をする必要があるのです。

　このように、英語力があるに越したことはありませんが、それ以上に、洋書を読むには「洋書を読むためのコツ」がいるということです。

「タニケイ式トレーニング」で、これまでの読み方を脱却

　本書で目指すのは、「洋書を一冊読み切るための、英語の読み方を身に付ける」ことです。お伝えしてきたとおり、私たち日本人は、学校の授業で習ってきた「丁寧に正確に読む」英語の読み方に慣れきっています。ですから、このやり方から脱却するには、ある程度のトレーニングが必要になります。そのトレーニングが、本書で紹介する「タニケイ式リーディング」です。タニケイ式リーディングには、次の三つの柱があります。

① **速読トレーニング**で、速読力を身に付けて英語の読み方を変える
② **ボキャビル**で、洋書を読むのに必要な単語力を身に付ける
③ **実践洋書リーディング**で、どんどん洋書を読み進める読書体力をつける

①速読トレーニングで、速読力を身に付けて英語の読み方を変える

ネイティブが読むスピードに近づけ、洋書をストレスなく自然な流れで読めるようになることを目的とした、英語の読み方を変えるトレーニングをします。

このトレーニングでは、実際に読めるようになりたいスピードよりも、圧倒的に速いスピードで読む練習を重ねることで、これまでの「丁寧に正確に読む」読み方から脱却することを目指します。5つのステップがあり、同じ文章を使って段階的に読むスピードを上げていくので、無理なく取り組むことができます。

この速読トレーニングをすぐに実践できるように、本書には約1ヶ月分の練習教材として、アメリカの小説家**オー・ヘンリーの短編を5作品収録**しました。実際の洋書を使って、楽しみながらトレーニングをしていただければと思います。

②ボキャビルで、洋書を読むのに必要な単語力を身に付ける

「ボキャビル」とは、ボキャブラリー・ビルディングの略、つまり「単語力構築」のことです。このようにいうと、試験勉強を思い出し憂鬱になる方もいるかもしれませんが、英語ネイティブが読む本を私たち日本人が読んでいくのですから、やはり単語力は欠かせません。

本書では、英単語をできるだけ効率的に覚えるための**さまざまな単語暗記の方法を紹介します**。また、学校では習うことがなく、TOEICなどの試験にもほとんど出てこないけれど、洋書によく出てくる単語を集めた「洋書を読むためにまず覚えるべき厳選1000単語リスト」を紹介します。ぜひこれを活用して、洋書に頻出の英単語を効率よく覚えていきましょう。

③実践洋書リーディングで、洋書を読み進める読書体力をつける

試験の長文問題とは比較にならない、数万ワードもある洋書を読み続けるための力を身に付けるには、自分でどんどん洋書を読んでいく必要があります。

速読トレーニングは、英語の読み方を変えるのに必須なのですが、トレーニングでは同じ文章を5回読んだり、圧倒的に速いスピードで読んだりするので、通常の読み方とは異なります。また、集中力もかなり必要になります。ですから、**速読トレーニングとは別に、できるだけ自然なスピードで、リラックスした状態で、日本語の本を読むような感覚で洋書を読んでいく経験を積むことが大切な**のです。

自分でどんどん洋書を読んでいく時のコツ、わからない単語が出てきた時の対処法、英語力がネックになっている方におすすめのレベル別洋書などを紹介していくので、参考にしてみてください。

ゲーム感覚でトレーニングを楽しめて、効果を実感しやすい

長い時間をかけて体に染みついた「丁寧に正確に読む」英語の読み方を変えるためには、できるだけ毎日トレーニングを続けることが大切です。とはいえ、トレーニングの内容が単調でつまらなかったり、やることが複雑だったりすると、日々続けるのが嫌になってしまいますよね。

その点、本書のメインである「**速読トレーニング**」は、やることがシンプルで、**かつゲーム感覚で楽しみながら取り組めるのが特徴です**。トレーニングには5つのステップがあるのですが、速読を行うステップでは、ステップごとに目標タイムを設定します。そして、段階的に速くしていくことを目指しながら、その都度タイムを計り記録していきます。実際にやってみるとわかるのですが、目標タイムを前にすると「かなり速いけどクリアできるかな」とドキドキしたり、「次こそクリアするぞ！」と気持ちに火がついたり、ゲームのタイムアタックのような感覚で夢中になってやることができるのです。

また、トレーニングが続かない理由の一つに、「なかなか効果を実感できない」ということがあると思います。しかし速読トレーニングでは、毎回タイムを記録するので、「自分のスピードがどれだけ上がったのか」を可視化できます。回数を重ねるごとに、**自分の読むスピードが速くなっていることが、感覚だけでなく数値でもわかるので、モチベーションにもつながるのです。**

どんな人にもおすすめのトレーニング

　タニケイ式リーディングは、「洋書を読めるようになりたい」と思っている全ての方におすすめのトレーニングです。もちろん、人によって英語力のレベルも違えば、読めるようになりたい洋書の種類も違うでしょう。しかし、本書で紹介するのは「トレーニングの型」のようなものなので、**使う教材を自分に合ったものにカスタマイズすることで、英語のレベルや目的を問わず、誰でも実践することができるのです。**

　「洋書」と一口にいっても、小説、ビジネス書、古典的な文学、ミステリ、児童書などジャンルはさまざまですし、ジャンルが異なれば目にする英単語も変わってきます。自分が読めるようになりたい本でトレーニングをすることで、そのジャンルに頻出の英単語や表現を効率よく吸収することができます。また、書籍に限らず、英語ネイティブの人たち向けの雑誌『Time』や『Newsweek』などを使うのもよいですし、TOEIC や TOEFL などの試験を控えている方は、試験用の教材を使ってトレーニングするのもおすすめです。
　いきなり洋書を読むのはハードルが高い、と思う方は、レベル別洋書を使うのもよいでしょう。本書では、レベル別洋書の紹介もしていますから、そちらを参考にしてみてください。

　英語の長文を読むための練習本はたくさん出ていますが、具体的な速読トレーニング方法を紹介した本は見当たりません。本書では、洋書を読むことに抵抗を感じていた私自身が、実践して、洋書を読めるようになっていったトレーニング方法を紹介しています。

　そして、この改訂版では、旧版よりも幅広いレベルの方に活用していただけるよう、おすすめのトレーニング教材として易しいものを増やしたり、洋書の中でも特に小説に興味がある方に向けて、実践練習をオー・ヘンリーの短編小説を使ったものに変更したりしました。

以上が、本書の特徴です。

「洋書を一冊読み切ってみたい」という憧れを抱きつつも、1ページ目から難しいと感じたり、途中まで読んで挫折してしまった経験をお持ちの方は、「自分の場合は、もっと英語力を上げてからのほうがよさそうだ」と思っているかもしれません。しかし、あなたが中学・高校と英語を学習してきて、文法や単語などある程度の基礎があるのであれば、英語力はひとまず十分です。ただ「洋書を読むためのトレーニング」が足りていないだけなのです。そのトレーニングをすることで、あなたもすぐに洋書を読めるようになります。

日本語でも本を読むのが得意な人がいますが、彼らは日本語の知識を増やしてから、本を読み始めたわけではありませんよね。本が好きだから、たくさん読むうちに語彙が豊富になり、読むのが速くなり、本を読むのが得意になったのでしょう。英語の本も一緒です。英語力を上げてから読もうと思うのではなく、先に読み始めるのです。たくさん読んでいくうちに、英語力はおのずとついてきます。

あなたが「いつか洋書が読めるようになりたい」と心から思っているなら、それは実現可能です。ぜひ、本書にそのお手伝いをさせてください。

英語学習コーチ
谷口恵子（タニケイ）

CONTENTS

第1章 タニケイ式リーディングで洋書が読めるようになる

第2章 英語の読み方を変える 1ヶ月集中速読トレーニング

第3章　今日から使える速読トレーニング実践用教材

第4章　ボキャビルで洋書に必要な単語力をつけよう

第5章 実践洋書リーディングで読書体力を上げていく

特別付録 洋書を読むためにまず覚えるべき厳選 1000 単語リスト

この本の使い方

第1章　タニケイ式リーディングで洋書が読めるようになる

「タニケイ式リーディング」の具体的な内容に入る前に、なぜ洋書を読むのは難しいのか、そしてどんな力を身に付ければ洋書が読み切れるようになるのか、といった前提を説明します。トレーニングの必要性や、「タニケイ式リーディング」と「洋書を読むのに必要な3つの力」の関係がわかります。

第2章　英語の読み方を変える1ヶ月集中速読トレーニング

速読トレーニングについて詳しく紹介します。速読トレーニングは1ヶ月を目安に、毎日5ステップを実践していきます。各ステップでの注意点なども書いていますので、しっかり読んでください。トレーニングを始めてからも、詳細を忘れてしまったら、何度も読み直してくださいね。

第3章　今日から使える速読トレーニング実践用教材

速読トレーニング用の教材（28日分）を収録していますので、すぐにトレーニングを始めたい方、他に使いたい洋書がない方は、これを使って速読トレーニングを始めてください。

第4章　ボキャビルで洋書に必要な単語力をつけよう

効率的に単語を覚えていくための、さまざまなボキャビルの方法を紹介します。洋書を読むために必要な単語の覚え方、覚えるべき単語の選び方も参考にしてください。

第 5 章　実践洋書リーディングを習慣化して、 どんどん自分で読んでいく

　速読トレーニングとは別に、 どんどん自分で洋書を読み進め、実践洋書リーディングを習慣化していくためのコツを紹介します。 実践洋書リーディングに便利な Kindle の活用法や、わからない単語が出てきた時の対処法、英語力がネックになっている方におすすめのレベル別洋書などを知って、 どんどん自分で洋書を読んでいきましょう。

特別付録

「洋書を読むためにまず覚えるべき厳選 1000 単語リスト」

　いくつかのレベル別単語リストを参考にしつつ、 人気のある洋書 100 冊を分析し、 出てくる頻度の高い順に 1000 語をリストアップしました。 すでに 5000 語レベルをマスターしているが、 洋書を読むと知らない単語がたくさん出てくる、 という人にぴったりの単語リストです。 学校では習わない、 TOEIC などの試験にもなかなか出てこない、 けれども洋書ではよく見かける単語ばかりを集めています。

各種ダウンロード素材

　以下の URL から各章で紹介している記録用フォームや速読トレーニング用教材の PDF や Excel をダウンロードすることができます。

ダウンロード用 URL
http://pbook.info/reading2

ダウンロード・閲覧できるファイル

第 2 章
速読トレーニング記録用フォーム（Excel）

第 3 章
今日から使える速読トレーニング用教材 印刷用（PDF）
速読トレーニング記録用フォーム実践用（Excel）

特別付録
洋書を読むためにまず覚えるべき厳選 1000 単語リスト
（Excel・PDF）

タニケイ式リーディングで 洋書が読めるようになる

タニケイ式リーディングで
洋書が読めるようになる

洋書を一冊読み切る力を身に付けるための「タニケイ式リーディング」

　この本を読まれているあなたは、「洋書を一冊読み切ってみたい」という憧れを抱きつつも、そのハードルの高さから、まだ一冊も読み切った経験がなかったり、読み切ったことはあるものの、読書を楽しめる感覚とはほど遠い、と痛感したりしているのではないでしょうか。

　そんな悩みを解消し、「**洋書を一冊読み切るための、英語の読み方を身に付ける**」のが、**本書の目的です**。まずはこの章で、「洋書を読み切る」ということについて、具体的なイメージを持てるようになっていただきたいと思います。特に、今までに洋書を読んだことがない人のために、「ネイティブが読む洋書は一体どれくらいのレベルなのか」「自分が今どれくらい読むことができるのか」を、実際の洋書の一部を読んで一緒に確認してみましょう。

　こちらは、カナダの作家、L.M. モンゴメリ著の "Anne of Green Gables"『赤毛のアン』の一部分です。準備ができたらいつもどおりの読み方で読んでみてください。

< CHAPTER XXIV. Miss Stacy and Her Pupils Get Up a Concert より >

　It was October again when Anne was ready to go back to school—a glorious October, all red and gold, with mellow mornings when the valleys were filled with delicate mists as if the spirit of autumn had poured them in for the sun to drain—amethyst, pearl, silver, rose, and smoke-blue. The dews were so heavy that the fields glistened like cloth of silver and there were such heaps of rustling leaves in the hollows of many-stemmed woods to run crisply through. The Birch Path was a canopy of yellow and the ferns were sear and brown all along it. There was a tang in the very air that inspired the hearts of small maidens tripping, unlike snails, swiftly and willingly to school; and it was jolly to be back again at the little brown desk beside Diana, with Ruby Gillis nodding across the aisle and Carrie Sloane sending up notes and Julia Bell passing a "chew" of gum down from the back seat. Anne drew a long breath of happiness as she sharpened her pencil and arranged her picture cards in her desk. Life was certainly very interesting.

＜日本語訳＞

　　アンが学校に戻れるようになったのは、再び 10 月がやってきてからだった。辺り一面が赤と金で輝くような 10 月である。朝には、谷間に淡いもやが立ち込める──紫水晶の色、真珠の色、銀色、バラ色、青灰色のもやは、まるで秋の妖精が、太陽に飲みほしてもらうために谷間に注いだようだった。朝露はずっしりと重く、野原は銀色の布をまとったようにきらめき、たくさんの幹を持つ木々のくぼ地には、カサカサと音を立てる枯れ葉が積み重なり、駆け抜けるとパリパリと音がする。「樺の道」は、黄色い葉で天蓋のように覆われ、その道に沿って生えるシダの葉は枯れて茶色くなっていた。そんな空気には、少女たちを軽快な足どりで学校へ向かわせるような趣きがあった──かたつむりとは似ても似つかないほどすばしこく、そしていそいそとした足どりで向かわせるような趣が。小さな茶色の机に再び戻りダイアナの横に座ること、ルビー・ギリスと通路を挟んでうなずき合うこと、キャリー・スローンがメモを寄こしてくること、後ろの席のジュリア・ベルがガムの「ひとくち分」を机の下から回してくること──これらはなんとも楽しいものだった。アンは、鉛筆を削り、机の中にある絵のカードを揃えながら、幸せの長いため息をついた。人生はたしかにとてもおもしろいものだった。

いかがでしたでしょうか。『赤毛のアン』というタイトルから、読みやすそうだと感じた方も多かったと思います。しかし実際には、知らない単語が多かったり、読み返してしまう箇所があったり、理解しづらい文があったりして、最後まで読むのになかなかストレスを感じたのではないでしょうか。

　また、この英文を長く感じた方もいるかもしれません。しかし、ここに載っている英文は、たったの 188 ワードです。『赤毛のアン』の全体のワード数は約10万4000 ワードですから、この本を一冊読み切るには、今読んだ英文の約550 倍の量を読むことになるのです。

　さて、実際に洋書の一部を読んでいただいたところで、「どうして洋書を読むのはこんなに難しいのか」「読めるようになるにはどうすればいいのか」についてお話ししていきたいと思います。まずは、洋書を一冊読み切るのが難しい理由と、それを克服するために必要な力を身に付ける「タニケイ式リーディング」との関係をご覧ください。

【洋書が難しい理由】　　　　　　　　　　　　【タニケイ式リーディング】

① 洋書に適した読み方をしていない	⇒ 速読トレーニング
② ネイティブと圧倒的な単語力の差がある	⇒ ボキャビル
③ 英語の長文を読み続けるのに慣れていない	⇒ 実践洋書リーディング

　それぞれについて、次から詳しく説明していきます。「はじめに」の内容と重複する部分もありますが、大切なところなのでお付き合いください。

洋書が難しい理由①：洋書に適した読み方をしていない

　「はじめに」でお伝えしたとおり、私たち日本人は、「英語を丁寧に正確に読む」クセが身に付いています。中学・高校の授業で長文読解をする時に、「S（主語）」「V（動詞）」を書き込んだり、意味の区切りごとにスラッシュを入れたりして、文法構造を理解しながら読むことを求められてきたからです。このように、丁寧に正確に読んでいく方法を「**精読**」といいます。

洋書を読むのに必要な3つの力を身に付けるタニケイ式リーディング

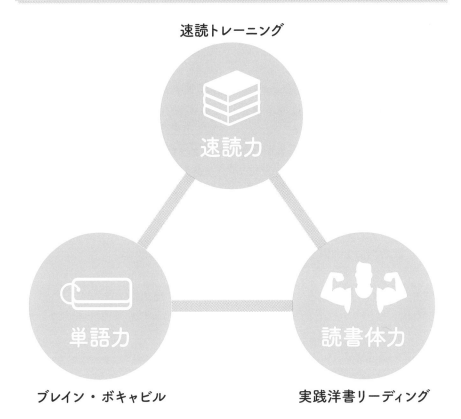

速読トレーニング

速読力

単語力

読書体力

ブレイン・ボキャビル

実践洋書リーディング

精読は、しっかりと文構造を理解するのに適した読み方の一つですから、決して間違った読み方というわけではありません。特に、英語を学び始めたばかりの方や、文法が全く理解できていない初級レベルの方にとって、一語ずつ確認しながら読む精読的な読み方は「何が理解できていないのかがわかりやすい」という利点があります。しかし、数万ワードというボリュームのある洋書をすらすら読んでいくには、精読的な読み方は適していません。

　また、学校の授業では、英語を和訳をすることも多かったので、一文ずつ日本語に訳しながら理解するクセがついている方も多いと思います。しかし、英語と日本語は、主語や述語などの語順が違うので、きれいな日本語に訳そうとすると、一つの英文を行ったり来たりする「**返り読み**」をすることになります。返り読みをしていては、一文を読むのに時間がかかりすぎてしまうので、やはり洋書を読むのには適していないといえます。

　つまり、自然なスピードですらすらと洋書を読んでいくためには、まずは「**精読的な読み方**」と「**返り読み**」から離れることが大切です。

　では、どのように読んでいけばいいのか。その答えは、細部にこだわらず、英文の大意をつかむように読んでいく——簡単にいうと、**多少わからない文があっても気にしないで読み進める**ということです。

　英語を読んでいて、知らない単語や複雑な構文が出てくると「わからない」と感じることがあると思います。精読に慣れている私たちは、この「わからない」をとても気持ち悪く感じます。特に、今までしっかり英語を勉強してきた方ほど、英文の意味を正確に把握しないと不快に感じたり、文構造はどうなっているのか気になってしまうことが多いでしょう。しかし実際には、わからない部分を飛ばして読んでも、前後の文脈から大体の意味を推測できることが多くあります。

　日本語で本を読んでいる時には、初めて見る漢字や知らない熟語が出てきたり、よくわからない文があったりしても、あまり意識することなく読み進めているはずです。それなのに英語になった途端、私たちは「100％わからないと気持ち悪い」と感じて、先に進めなくなってしまいます。そして、「やっぱり洋書は難しい」「知らない単語が多くて読めない」と思ってしまうのです。

　しかし、洋書を読むというのは、あくまで自分が楽しむためのもの。学校の授業や試験のように、最後に内容をテストされることもないのですから、知らな

い単語や正確に理解できない文を読み飛ばしても、全体的に内容がわかれば問題ないですよね。ですから、英文の細部にこだわるのではなく、大意をつかみながら、流れに乗ってスピーディーに読んでいくことを目指しましょう。

速読トレーニングで、英語の読み方を変える

これまでの「精読的な読み方」や「返り読み」から脱却するために必要なのが「**速読力」を身に付ける**ということです。そこで本書では、「タニケイ式リーディング」のメインとして「速読トレーニング」を紹介します。

英語に限らず日本語でも、効率的にたくさんの本を読むための速読のトレーニングが存在します。なかには、書かれた情報を1ページ1秒で写真のように捉え、脳に内容を取り込むような速読法を練習する人もいます。「速読」と聞くと、こうした方法をイメージする人もいるかもしれません。しかし、タニケイ式リーディングにおける速読トレーニングは、こうしたタイプのものではありません。**意識的にスピードを上げて読む練習をすることで、「ネイティブが読むスピードに近づけ、洋書をストレスなく自然な流れで読めるようになること」を目的とした**トレーニングです。

詳しくは第2章で述べますが、この速読トレーニングでは精読的な読み方をやめるために、**実際に読めるようになりたいスピードよりも圧倒的に速いスピードで読む練習をしていきます。**マラソン選手が酸素の薄い高地で行う「高地トレーニング」のようなものです。大きな負荷をかけた状態で読む練習をすることで、スピードを落とした時に楽に感じることができるようになるのです。

とはいえ、最初から超高速で読むのは無理がありますし、たとえ読めたとしても、ただ文字を目で追っているだけで内容が頭に入ってこない、という状態になりかねません。ですから、このトレーニングでは5つのステップを設けて、段階的に読むスピードを上げていきます。速読のステップでは、毎回目標タイムを決めて、実際にタイムを計測しながら読んでいくので、ゲームのタイムアタックのような感覚で楽しくトレーニングをすることができます。また、少し時間をとって「内容を理解する」ステップもあるので、**きちんと話の流れを意識しながら、速く読める力が身に付くのです。**

トレーニングを始めて最初のうちは、英文の内容を 100% 理解しないまま読み進めることに気持ち悪さや違和感を覚えるかもしれません。しかし、**効果的なトレーニングを日々行うことで、英語の読み方は必ず変えることができます。**英文の細部にこだわることなく次へ次へと読み進められるようになり、日本語の本を読むように、英語もスムーズに読めるようになるのです。**トレーニングの結果、英文を読むスピードは少なくとも 1.5 倍、人によっては 3 倍以上も速くなります。**

　もしかしたら、「もっと英語力が上がれば、自然と速く読めるようになるはずだ」と思っている方もいるかもしれません。しかし、「はじめに」でもお伝えしたように、基本的な英語力さえ身に付いていれば十分です。むしろ、「これまでの英語の読み方を変えよう。そのために速読トレーニングをしよう」と思わない限り、いつまでも精読的な読み方から脱却できず、たとえ英語力が上がっても、洋書一冊読み切るハードルの高さは変わらないままでしょう。ですから、「洋書を一冊読み切ってみたい」という思いを抱いている今こそ、速読トレーニングを始めるベストなタイミングなのです。

洋書が難しい理由②：ネイティブと圧倒的な単語力の差がある

　「洋書を一冊読み切る」のが難しい理由の二つ目は、**英語ネイティブと私たち日本人では単語力に圧倒的な差がある**ということです。また「はじめに」でも述べましたが、試験対策用の英単語ばかり覚えてきた私たちにとって、洋書に出てくる英単語は初めて見るものばかり、という状態になってもおかしくありません。**洋書をすらすらと読むためには、洋書に出てくるような単語を知っている必要があるのです。**

　ちなみに、先ほどの『赤毛のアン』に出てきた次の単語を、あなたはどれくらい知っていましたか？

dew　heap　rustle　canopy　fern　sear　tang

　これらの単語は、中学・高校の授業で習うことも、TOEIC などのテスト対策で学ぶこともおそらくないので、初めて目にするものも多いのではないでしょうか。しかし、小説の中では当然のように出てきます。ちなみに、これらの単語

はそれぞれ次のような意味です。

dew	露
heap	積み重ねたもの、山
rustle	さらさら（かさかさ）音を立てる
canopy	天蓋
fern	シダ
sear	〈植物が〉枯れた
tang	趣き

　では、洋書をすらすらと読めるようになるためには、一体どれくらいの数の単語を覚えればよいのでしょうか。日本人と英語ネイティブの英単語力の差について見てみましょう。

　日本人が中学・高校で習う英単語数は、2200 ～ 4700 語です（学習指導要領の改訂により差があります）。そして、難関大学の入試で出題されるのが6000 ～ 7000 語程度。TOEIC については、3714 語で 95% の単語がカバーされるというレポートがありますが、学生時代には習わない TOEIC 頻出単語が多数ありますので、3700 語レベルで十分というわけではありません。こうした数字から判断すると、学生時代に英語が苦手だったわけではなく、社会人になってからも少しは英語学習をしてきた、という日本人が持っている平均的な単語数は、5000 語前後ではないかと思います。

　一方で、ネイティブの単語力はどのくらいでしょうか。2013 年のTestYourVocab という単語力チェックサイトの集計では、ほとんどの大人のネイティブスピーカーの単語力は 20,000 ～ 35,000 語の範囲に入る、とのことでした。つまり、**私たち日本人と英語ネイティブとでは、英単語力に少なくとも 4 倍の差があるのです。**これでは、洋書を読もうとして「知らない単語がどんどん出てくる」という状態になるのも当然だと納得できるでしょう。

　もちろん、文脈の中で意味を解釈できたり、派生語などで意味を推測できる単語もあるので、たとえ 2 万語の単語力がなくてもある程度は読むことができ

ます。ただ、わからない単語が多ければ多いほど、読むストレスは大きくなります。ある研究によると、英文をストレスなく読むためには、出てくる単語のうち95%の単語を知っている必要があるとのことです。先ほど読んでいただいた『赤毛のアン』の一部分（188ワード）の場合には、10個以上知らない単語があれば、もうストレスを感じてしまうのです。洋書を読むにあたっては、単語力はあるに越したことがない、というわけです。

ボキャビルで、英単語力を増やす

　洋書をすらすらと読んでいくためには、単語力が欠かせないということを実感していただけたかと思います。そこで本書では、単語力を伸ばすための「**ボキャビル**」を行うことをおすすめしています。

　「ボキャビル」とは、ボキャブラリー・ビルディングの略、つまり「単語力構築」のことをいいます。ボキャビルでは、1ヶ月に1000語など、目標を決めて覚えることをおすすめします。全部の単語を完璧に覚えられなくても構いませんが、目標の数を決めておくことで、1日あたり何語くらい覚えたらいいかの目安が立てられますし、メリハリをつけて単語暗記に取り組むことができます。

　単語の暗記は「単調でつまらないうえに、なかなか覚えられなくてつらい」と思っている方が多いと思います。私もGREという試験の準備のために、英単語を2週間で1000単語覚えたことがありましたが、最初のうち、ただ単語を見るだけの丸暗記では、とにかく苦痛だったうえに、ほとんど記憶に残りませんでした。しかし、後で紹介するような、いろいろな方法を使い、楽しみながら暗記を行うようにしていったことで、暗記の効果が抜群に上がりました。**自分に合った方法を組み合わせて使うことで、忙しい人でも効率的にたくさんの単語を暗記することができます。**

　1ヶ月で1000語という量の単語を暗記していく場合、既存の単語帳や単語リストを用いるのが効率的です。ただ、世の中に出回っている単語帳の多くは試験対策に特化したものが多いですよね。単語力に全く自信がない方は、こうした一般的な単語帳からも基本的な単語を習得できるので構わないのですが、英語をある程度やってきた方がこうした単語帳を使っても、洋書リーディングに

は直結しない可能性が高いです。

　そこで、ぜひ活用していただきたいのが、**本書の付録「洋書を読むためにまず覚えるべき厳選 1000 単語リスト」**です。先ほど、学生時代に英語が苦手でなく、社会人になってからも少しは英語学習をしてきた日本人の平均的な単語数は 5000 語程度だとお伝えしました。このリストは、それより上のレベルである 6000 語〜 12000 語レベルを中心に、人気のある洋書 100 冊に出てくる頻出単語を分析したうえで選んだ 1000 語を収録しています。これまで試験用に覚えてきた単語とは一味違って「洋書によく出てくる単語」を集めているのが特徴です。洋書に特化した単語帳はなかなかありませんから、これを使えば「洋書を一冊読み切ってみたい」という目的に合った効率的な単語習得が可能です。

　ただ、この付録の 1000 単語リストは、ややレベルが高く、TOEIC700 点以上くらいの方にちょうどいいレベルとなっています。単語力に全く自信がない場合は、まずは一般的な市販の単語帳や単語アプリなどで基本的な単語力を身につけた後に、この 1000 単語リストに取り組んでいただくのがおすすめです。

洋書が難しい理由③：英語の長文を読み続けるのに慣れていない

　洋書を読むことに慣れていないと、たった数ページ読むだけでどっと疲れを感じるものです。先ほどの『赤毛のアン』は 188 ワードでしたが、さらっと読むのは難しかったと思います。実際のワード数よりもはるかに多く読んだように感じたり、内容を 100% 理解できずモヤモヤしたりと、独特の疲労感があったのではないでしょうか。しかし、先ほどお伝えしたように『赤毛のアン』は全部で約 10 万 4000 ワードあります。『赤毛のアン』が特別長いわけではなく、大人向けの洋書なら 10 万ワード前後あるものも多いのです。

　一方で、私たちが英語の試験などで読んできた「長文読解」の英文は、たったの数百ワード程度です。TOEIC Part7 の読解問題の、長めの文章でも約 300 ワードしかありません。ですから、私たちが「英語の長文を読むぞ」という感覚で洋書を開くと、数百ワード程度読んだところでスタミナも集中力も切れてしまうのです。

10万ワードもある洋書をすらすらと読み進めていくためには、**これまでよりもずっと長い英文を読み続ける「読書体力」が必要です**。もちろん一気に一冊を読み切る必要はありませんが、毎日1ページしか読めなければいつまでたっても読み終わりません。毎日ある程度まとまったページ数を読めるようになるのが理想です。また、まるで試験のような緊張感を持って読んでも、読書自体を楽しめませんから、日本語で本を読むのと同じように、リラックスして洋書を楽しめるようになりたいものです。

実践洋書リーディングで、どんどん洋書を読み進める力をつける

　洋書を一冊読み切るために必要な「読書体力」。このベースは速読とボキャビルのトレーニングで身に付きますが、読書体力を強化していくためには、自分で実際に洋書をどんどん読んでいく「**実践洋書リーディング**」を日々行うのが効果的です。速読とボキャビルがトレーニングに位置づけられるのに対して、実践洋書リーディングは「トレーニングで身に付けたものを実践していく場」といった位置付けです。

　読書体力を強化するには、大量の英文を時々読むよりも、少し長めの英文を毎日のように読み続けるほうが、持久力が効果的に上がっていくのでおすすめです。また、洋書を読むことのハードルを下げて、ちょっとした時間にも洋書を読み進められるようにすることが、継続的に「読む習慣」を作り、読書体力を着実に上げていくことにつながります。

　この「読む習慣」を作っていくには、**Kindle を使って洋書を読むのがおすすめです**。Kindle とは、Amazon が販売している、電子書籍を読むための端末やスマートフォン向けのアプリと、電子書籍の販売をするサービスのことです。Amazon が展開している Kindle ストアで洋書を買って、そのまま Kindle 端末やスマホの Kindle アプリで読むことができます。

　Kindle がおすすめの最大の理由は、**わからない単語が出てきた時に、その単語を長押しするだけで意味が調べられること**です。読書をしている画面上にポップアップで辞書が表示されて、ぱっと意味を確認できるので**読書が中断される感覚がありません**。特に、まだ単語力が十分でないうちは、単語を調べながら

でないと、内容をつかみつつ読み進めるのが難しいですよね。その都度、ネットや紙の辞書で単語を調べていると、かなり時間がかかってしまったり、単語を調べているうちに、どこまで読んでいたか見失ってしまったりすることが多く、なかなか先に進めません。ですから、この「単語を調べながらでも読書が中断される感覚がない」ということは結構大切なのです。

　もちろん、すでに読みたい洋書をペーパーバック（紙版）で持っている場合は、それを使っていただいて構いません。洋書は見た目がおしゃれなものも多く、ペーパーバックで持ちたいという方も多いと思いますし、それがモチベーションになることもあるでしょう。なにより、**一番大切なのは「読み続けること」**ですから、自分の好きな洋書を用意して、日々数ページずつ読んでいく習慣を身に付けましょう。

　ちなみに、**トレーニングと実践は、分けて行うよりも、並行して行うほうが効果が大きくなります。**ですから、時間に余裕があれば、速読トレーニングとボキャビルを行いながら、実際に気になっている洋書を読み始めてみてください。
　速読トレーニングでは、毎日 400 ～ 500 ワード程度の同じ英文を 5 回（5 ステップ分）読んでいきます。合計すれば 2000 ～ 2500 ワードになりますが、同じ英文を繰り返し読むので実践的ではありません。やはり、トレーニングとは別に自分で用意した洋書を読み進めたほうが、大量の英文を読んでいくのに慣れることができます。

　また、速読トレーニングを通してつかんできた感覚（返り読みをしない、わからない箇所があっても読み進める、など）を、実際に洋書を読みながら再現することで、自分の「英語の読み方」が変わってきていることを実感しやすくなるでしょう。
　これは、ボキャビルにおいても同様です。いろいろな方法を組み合わせて覚えることで、効率よく単語を暗記することができますが、ただ単語を覚えていくだけでは「この単語は本当に洋書に出てくるのだろうか」「いつどこで出てくるのかわからないのに気が遠くなりそうだ」と感じることもあるかもしれません。

しかし、洋書を読むことで、ボキャビルで覚えた単語が実際に本の中に出てくるという体験をすることができます。一冊のなかでは同じ単語が繰り返し出てくることが多いので、実践を通して単語を定着させることもできるのです。違うタイトルでも、同じ著者の作品を読むと「これは前回の作品にも出てきたな」という単語や表現がたくさん見られます。ビジネス、ファンタジー、ミステリなど、ジャンルごとにも頻出の単語がありますから、自分の好きなジャンルの洋書を何冊か読むと、覚えた単語に頻繁に出会うことができて、ボキャビルだけをやっているよりも単語を定着させやすいのです。「単語がわかる＝読める」喜びを味わえるようにもなるでしょう。

このように、**実際に洋書を読んでいくことで、速読もボキャビルもトレーニングの効果をより実感しやすくなります。**そうすると、「もっと速く読めるようになりたい」「もっとたくさん単語を覚えたい」と、**トレーニングに対するモチベーションも上がり、好循環が生まれやすくなるのです。**

タニケイ式リーディングのモデルスケジュール

タニケイ式リーディングの概要をお伝えしましたが、どんなに効果のあるトレーニングであれ、何年もかかるような内容だと、続けるのが大変だという人も多いと思います。私自身も、長い時間をかけて少しずつレベルを上げて洋書を読めるようにしていく方法は、効果があると聞いても続けることができませんでした。

タニケイ式リーディングは、効率的に実践することで、短期間で効果を実感できることが特徴です。基本のトレーニングプランは「1ヶ月」です。1ヶ月を目安に、精読的読み方から脱却するための「速読トレーニング」を行うことで、洋書を快適に読めるようになります。それと同時並行で、またはそれと続けて、単語力を伸ばすための「ボキャビル」を継続的に行うことで、読むのがどんどん楽になります。さらに「実践洋書リーディング」という実践的なリーディングを続けていくことで、洋書を何ページ読んでも疲れない読書体力を養っていきます。

　１ヶ月経たないと効果が出ないわけではなく、２週間程度の速読トレーニングだけでも、早々に感覚をつかみ「英語の読み方が変わった」と実感される方もいます。実際に速読トレーニングを体験した方からは**「英語を読むこと自体が楽に感じられるようになった」「英語が読めるという実感が自信になり、他の本も読みたくなった」**などの声を頂いています。

　タニケイ式リーディングは短期間で効果が出るので、英語を読めるようになりたいけれど、仕事や他の勉強が忙しく、なかなか英語学習に時間を使うのが難しい、という方におすすめのトレーニングです。実際に、先ほどの感想を寄せてくれたのも忙しい社会人の方々で、ご自身の仕事の合間をぬって、このトレーニングを継続されていました。社会人なら仕事の繁忙期、学生なら試験前など、誰しも１年のうちには忙しい時期がありますから、１年間ずっとがんばらなければならないようなトレーニングの継続は難しいと思います。しかし、タニケイ式リーディングは１ヶ月単位で集中して行うものです。１ヶ月なら、忙しい方でも、なんとか時間を捻出できるのではないでしょうか。

　トレーニング時間の目安は、**速読トレーニングが１日約30分、ボキャビルが１日30分〜１時間**です。１日あたりの時間がそんなにとれないという方は、速読トレーニングとボキャビルを１ヶ月ずつ分けて行っても構いません。最初の１ヶ月で速読トレーニング、次の１ヶ月でボキャビル、という形です。ご自身のライフスタイルと、リーディング力を上げたい緊急度に応じて決めてください。ただし、速読トレーニングは毎日連続して行わないと効果が出にくいので、１日おきに速読トレーニングとボキャビルを交互に行う、といったことはしないでください。ボキャビルは毎日行うのが難しければ、自分のペースで行って構いません。
　実践洋書リーディングには使う時間や実施期間の目安はありません。なぜなら、これはトレーニングではなく実践方法の提案だからです。特に、Kindle を活用すると、単語力が足りない状態であっても、非常に効率的に、ストレスなく洋書を読んでいくことができます。ですから、洋書を読み続ける限り、活用してください。

右のページで、1日あたりどのくらいの時間を使えるかに応じて、3通りのモデルスケジュールを紹介します。あくまで「おすすめのプラン」ですので、この通りに行う必要はありません。仕事やプライベートの忙しい時期なども考慮しながら、自分の進めやすいスケジュールを作ってくださいね。

　続けるためのポイントは、**あまり無理をせずに、ある程度余裕をもってスケジュールを組む**ことです。何か緊急事態があって予定通りにトレーニングができなくても、予備の時間を確保してあれば、そこでできなかった分のトレーニングを吸収できるからです。最初のうちは張り切って毎日長時間を使える気がするかもしれませんが、無理をしてしまうと挫折しやすくなります。自分の性格とも相談しながら、スケジュールを組んでいきましょう。もちろん、トレーニングをしながらスケジュールを再検討するのもおすすめです。

タニケイ式リーディング モデルスケジュール

1. 1日あたり使える時間が1時間半以上ある人

1ヶ月目に3つを同時並行で始めて、速読トレーニングが
終わった後はボキャビルと実践洋書リーディングを続けていく

1ヶ月目	2ヶ月目	3ヶ月目
速読トレーニング		
	ボキャビル	
	実践洋書リーディング	

2. 1日あたり使える時間が1時間の人

1ヶ月目に速読トレーニングとボキャビルを同時並行で始めて、
速読トレーニングが終わった後はボキャビルと実践洋書リーディングを続けていく

1ヶ月目	2ヶ月目	3ヶ月目
速読トレーニング		
ボキャビル		
	実践洋書リーディング	

3. 1日あたり使える時間が30分の人

1ヶ月ごとに、順番に速読トレーニング、ボキャビル、実践洋書リーディングを行い、
その後はボキャビルと実践洋書リーディングを毎月交互に実践する

1ヶ月目	2ヶ月目	3ヶ月目
速読トレーニング		
	ボキャビル	
		実践洋書リーディング

英語力全体を上げるために 洋書リーディングは効果的

　この本を読んでくださっている方は、英語を母語以外の言語として学習している方だと思います。母語以外の言語をどのように習得するかを研究する学問として、第二言語習得 (Second Language Acquisition：SLA) という分野があります。この SLA の分野において重要な理論として、「インプット理論」と「自動化理論」という 2 つの考え方があります。

　「インプット理論」とは「言語の習得はインプットにより起こる」と考えるものです。インプットというのは、リーディングやリスニングのことです。
　自分が何度も聞いたり読んだりして、なじみのある文については、それを読んだり聞いたりしたときに、意識的に考えなくてもそれが正しい英文だと感じることができます。これがインプットの効果です。

　これに対して、「自動化理論」とは「正しい知識を身に付けたうえで、それを徐々に自動化していくことにより言語を習得できる」と考えるものです。
　先に教科書や文法書などで、正しい文法や構文を学んで、それを何度も使ったり読んだり聞いたりすることで、自分の中に正しいものとして定着させていく、というのが自動化理論をベースにした英語の習得方法です。

　ただ、日本の学校では、正しい文法や構文を知識として勉強するところで終えてしまって、それを実際に使えるまで定着させる時間がないことが多いのです。そうなると、知識としては知っているけれども、とっさに出てこない、使いこなせない、という状態になってしまいます。つまり、自動化理論で言うところの「徐々に自動化していくことにより言語を習得できる」という部分まで行き着かないで終わってしまうのです。せっかく知識として学んでも、使いこなせなければ実用的ではありません。

　私は、インプット理論と自動化理論のどちらも大事にする必要があると考えています。

　では「使いこなす」ためには、まず何をすればいいのでしょう。それには、**自然な英文をたくさんインプットすること**が必要です。もちろん、先に単語や文法を知識として学んでもいいのですが、その後にそれを確かめられるような自然な英文のインプットをたくさんすることで、生きた英語が体にしみ込んでいくのです。

　インプットとアウトプットのバランスを考えると**「大量のインプットに少しのアウトプット」**を混ぜることが効果的です。いくら正しい英文を聞いたり読んだりしても、自分でそれと同レベルの英文を書いたり話したりするためには、また別の練習が必要です。では、その大量のインプットをどのような形でするのが望ましいのでしょうか。そして、続けやすいのでしょうか。

　その答えは**「自分の興味や関心に合わせて、好きなものを読んだり聞いたりすること」**です。つまり、「英語で自分の興味のあることを学んだり、情報を仕入れたりする」ということです。自分の興味があるものを題材にすると、高いモチベーションが続きます。もちろん「学ぶ」ことだけでなく、洋書を楽しむのも、とてもよい方法です。

　単純にインプットの量について考えたとき、たとえば『Time』などの雑誌の1ページ分の記事は長くても1000ワード未満ですが、洋書を1冊読み切ると、数万から十数万ワードという大量の英文をインプットすることができます。もちろん雑誌で毎日違う記事を見つけて1ページずつ読んでいっても構いませんが、**先が読みたくなるような洋書を読んでいくと、自然と途切**

れることなくインプットを続けることができます。

　それだけでなく、自動化理論の観点からも、知識として知っている文法や単語を自分のなじみのあるものにして定着させていくためには、色々な英文を読んでいくことが効果的です。たくさんの英文を読むことによって、新しい単語や表現、コロケーション（自然な表現としてセットで使われる単語の組み合わせ）などを定着させていくことができます。こうした自然な英語の表現を自分のものにするには、やはり学習者向けに作られたものではない、自然な英文をたくさん読むのが一番です。

　また、リスニングと比べた場合にも、リーディングのほうが簡単に続けやすいインプットです。リスニングは音声があるものでしか行うことができませんが、リーディングは音声がなくても文字情報だけで行うことができ、使える題材が格段に多いからです。また、リスニングは音声のスピードに合わせて聞かなければならないものですが、リーディングの場合、読むスピードを上げていけば、黙読スピードはリスニングスピードを超えていきます。つまり、インプットを大量に行おうと思ったら、リーディングをメインにして、リスニングも時々プラスする、という方法が効率的です。

　インプット（リスニング、リーディング）で覚えた単語や表現は、実際にアウトプット（ライティング、スピーキング）することで印象に残りやすくなります。また、アウトプットした際に間違えていた単語や表現は、後で確認することで、さらに定着させることができるのです。こうして**インプット→アウトプット→インプット→アウトプットというサイクルを回していく**と、英語力はどんどん上がっていきます。

　また、リーディング力の向上は、リスニング力アップにもつながります。日本語と英語では主語や述語などの語順が異なるので、リーディングに慣れていないと返り読みをしてしまう方が多いと思います。「返り読み」というのは、

特に一文が長い英文の場合に最後のほうまで読んでから、「主語はなんだっけ？」「動詞はなんだっけ？」と最初に戻って読んだり、一度で理解できなかった部分をもう一度読み直したりすることです。リーディング力を鍛えると、こうした返り読みをすることなく、**英語を英語の語順で理解できる**ようになります。また、返り読みをしない前提で読んでいくと、**英文を一度で理解しながら読める集中力**も身に付いていきます。

　こうした力はリスニングの際にも非常に役に立ちます。リスニングの場合、聞いた英文が次から次へと流れていってしまうので、リーディングの返り読みのように英語を聞き直すことができません。そのため、英語を英語の語順で理解する力、一度で理解する力は、リスニングにおいて特に必要な力なのです。実際、速読トレーニングを実践された方の中には、始めて2週間程度で、TOEICのリスニングが前より聞き取りやすくなった、という実感を得た方もいました。

　このように、英語の習得に欠かせない「大量のインプット」をするために、そして、生の英文に触れて英語の知識を「自動化」させていくために、洋書のリーディングはおすすめなのです。とにかく現状の英語レベルからステップアップしたい方、リーディングだけでなく英語力全般を伸ばしたい方は、ぜひリーディング力を上げて、生きた英語を自分のものにしていきましょう。

英語の読み方を変える
1ヶ月集中速読トレーニング

英語の読み方を変える
1ヶ月集中速読トレーニング

　この章では、タニケイ式リーディングのうち最初に取り組んでいただきたい「速読トレーニング」の詳細をお伝えします。特に、これまで洋書にチャレンジしたいと思いながらも「積ん読」状態になってしまっていた方や、長い英文に苦手意識があり、読み続けることが難しいと感じていた方に、ぜひトライしていただきたいトレーニングです。このトレーニングを終えた後には、きっと洋書と仲良くなることができます。また、洋書を読みたい人だけでなく、TOEICなどの長文問題が読み終わらない人にも効果が出ますので、ぜひ試験対策にも活用してみてください。

　このトレーニングでは、**意識的にスピードを上げて読む練習をする**ことで、これまでの勉強ですっかり定着してしまった「**精読的読み方**」**から脱却することを目指します**。そして、ネイティブが英語を読むのに近い、あるいは私たちが日本語を読む時に近い「**スムーズな読み方**」に変えていきます。本を読む時のスムーズな読み方というのは「**英文の構造を解釈しながら読むのではなく、内容をつかみながら読む**」読み方です。

　速読トレーニングを行うと、**少なくとも1.5倍、人によっては3倍以上も、英文を読むスピードが速くなります**。もし3倍速くなれば、6時間かけて読んでいたものを2時間で読めるようになるのですから、これは大きな違いですよね。また、ある程度長い英文を毎日読み続けることで「読書体力」の基礎がつくため、以前は読むのがしんどいと感じた長さの英文も、流れに乗って楽に読み進められるようになり、内容自体を楽しむこともできるようになります。

　さらに、英文を読むことへの抵抗感が薄れたり、もっと長い英文を読んでみたくなったりするなど、「洋書が身近なものに感じられるようになる」という心理的な効果も得ることができます。実際に洋書を使った速読トレーニングを体験した方にアンケートをしたところ、ほぼ全員が「**読み方が変わった**」「**長い英文を読むのが楽に感じられるようになった**」「**もっと洋書を読みたくなった**」と回答されました。

　この速読トレーニングは「**時間を計りながら、スピードを意識して速く読む練習をする**」というものです。とてもシンプルで、誰にでもできるトレーニングですし、1 日 30 分程度の時間で行うことができます。そして、速読の度に明確な目標を立ててタイムを記録していくので、リーディングスピードが可視化され、まるでゲームのように楽しく続けていくことができるのです。

　また、「返り読みをしない」というルールで行うため、**返り読みのクセがなくなります**。さらに、目標時間を決めてスピードを意識しながら読んでいくことで、**頭の中で音読したり、いちいち和訳しながら読んでしまうクセもなくなっていきます**。音読したり和訳したりしながら読んでいる余裕がないためです。こうした読み方に慣れていくと、速読をしようとしなくても、自然と読むスピードが速くなり、読む労力もぐっと減っていくのです。

　この速読トレーニングに必要なものは、**英文の教材とストップウォッチ、そして「やる気」**だけです。やり方はとても簡単なトレーニングなので、本章の説明を読めば、できない人はいないと思います。そんな簡単なトレーニングでありながら、得られるものはとても多く、おそらく、あなたの今後の英語とのふれあい方を一変するものになるはずです。

　もしまだ、「自分にもできるかな」と迷っている人がいたら、この章を読んだ後、とりあえず速読トレーニングを一回体験してみてください。その行動は、「洋書を一冊読み切ることができる」という新たな世界への第一歩になるはずです。洋書をもっと読んでみたい、洋書を読むのが楽しい——そんな気分を、そう遠くない日に味わえるようになります。そんな日を楽しみに、速読トレーニングを始めてみましょう。

1ヶ月の速読トレーニングで英語の読み方を変える

　速読トレーニングでは、目標タイムを決めて「速読意識（速く読もうとする意識）」を働かせながら読んでいく、とお伝えしました。ただしこの時、最終的に読めるようになりたいスピードを目標にするのではありません。**実際に読めるようになりたいスピードを大きく超える速さで読む練習をしていきます。**マラソン選手が酸素の薄い高地でトレーニングをするように、大きな負荷をかけた状態で読む練習をすることで、スピードを落とした時に楽に感じることができるようになるのです。

　読むのが遅くなってしまう原因として多いのが、理解したいと思うばかりに、一文をじっくり読んでしまったり、単語を逐一訳してしまったり、同じ文を何度も読んでしまったりすることです。ですから、あえて通常よりも圧倒的に速いスピードで読む練習をすることで、今までと同じ読み方ができないようにするのです。

　ちなみに、流れに乗ってスピーディーに読むほうが、実は英文全体の内容理解をスムーズに行うことができます。ある程度の長さの英文を読んでいく時には、前に読んだ内容を頭の中に保持しながら、次に読んだことと合わせて理解を進めていく必要があります。速く読んだほうが、この保持しておく時間は短くて済みますので、記憶の負担が少ないのです。

　この速読では、**単に目を速く動かす眼球トレーニングをするわけではありません。**スピードを上げる分、目の動かし方はたしかに変わっていくのですが、それがメインの目的ではありません。「**速読意識**」の上げ方と、**速く読んだ時に理解度が落ちすぎないようにする集中力を身に付けていくことが肝心です。**ただ目を速く動かすだけだと、文字を目で追うだけで内容が全く頭に入ってこないという状態になってしまいますので、速く読みながらも、意識にのぼってくる意味をつかまえるようにして、集中して速読する練習をしていきます。

　具体的には、次のような読み方を目指します。

① 返り読みをしないで、前へ前へと読んでいく
② 頭の中で和訳せず、英語の語順で英語のまま理解していく
③「100%理解しなければ」という思い込みを捨てて読み進める

　①の「返り読みをしないで、前へ前へと読んでいく」ことは、スムーズな読み方の一番の基本です。これまで英文を読む時には、「返り読み」というものを意識することもなく、当然のように返り読みをしながら時間をかけて読んでいた方が多いと思います。ですから、返り読みのクセをなくすには、かなり意識的な練習が必要です。

　速読トレーニングでは、よほどのことがない限り、返り読みはしないものと決めましょう。このルールを守るだけでも、リーディングスピードは速くなります。ある程度の期間、返り読みをしない読み方を続けていくと、返り読みをしないことが普通になります。返り読みをしない前提で、集中して読む力もつきます。

　②の「頭の中で和訳せず、英語の語順で英語のまま理解していく」というのは、難しそうに感じるかもしれませんが、練習次第でできるようになります。最初はところどころ日本語が思い浮かんでしまっても構いませんので、できるだけ「英語を英語のまま理解する」ことを意識するようにしましょう。

　まずは意識的に和訳することをやめることからスタートです。なじみのある簡単な英文なら、英語のまま理解していくことができるはずです。たとえば、"Good morning." という文を見た時、「おはようございます」と頭の中で日本語に訳さなくても、文の意味を理解できますよね。では、"He gently smiled." という英文はいかがですか。もし「gently は『優しく』という意味だから……」というように日本語に訳したくなったら、gently を日本語にするのではなく、その単語の持つイメージを思い浮かべるようにしましょう。最初は難しかった英文も、同じ文を何回か読むと、その表現になじみが出てきて、理解できるまでのスピードが速くなっていきます。この「繰り返し」によって英語の表現を定着させることができるのです。

③の「100％理解しなければ」という思い込みを捨てて読み進めることも、とても大切です。この思い込みがあると、どうしても英文をじっくり読もうとしてしまいます。一度読んでわからなかった時には、返り読みをしたくなります。また、読んだことを全て覚えていられるわけがないのに、覚えておこうとするばかりに、余計な労力を使って疲れてしまいます。

　あなたが自分の読みたい洋書を読んだ後、その内容について誰かがあなたにテストを出すわけではありません。その本の感想を聞かれたとしても、印象に残っているところだけを教えてあげれば十分ですし、特に印象に残ったところがなければ、あなたにとっては面白くない本だった、というだけのことです。あなたの感想に正解、不正解はありません。

　日本語の本でも、書かれていることを100％理解しながら、また内容を全て覚えながら読んでいるわけではないと思います。テストのためのリーディングの感覚を捨てて、「自分の好きなように楽しむ読書」に変えていきましょう。

　速読トレーニングを始めてしばらくの間は、今までの「精読的読み方」に慣れている人ほど、「正確に読みたい」「100％理解しながら読み進めたい」という気持ちとの戦いになると思います。そういう方は、この速読トレーニング中は「**とにかくスピードにこだわり、思いきって理解度を捨てる**」ことを意識してください。**理解度が落ちすぎないようにするバランスは、後から見つけていけば大丈夫です**。

5 ステップのタニケイ式速読トレーニング

　ここからは、速読トレーニングの具体的な内容をご紹介します。この速読トレーニングは、次の 5 ステップが基本です。

5 ステップの速読トレーニング

STEP/1　**普通読み**

STEP/2　**内容理解**　15 分以内を目安に 7〜8 割理解

STEP/3　**速読 1 回目**　意味を意識しながらできるだけ速く読む

STEP/4　**速読 2 回目**　STEP3 の 1.5 倍の速さ（タイムは 3 分の 2）を目標に

STEP/5　**速読 3 回目**　STEP3 の 2 倍の速さ（タイムは半分）を目標に

翌日読み直し　特に速度を意識せず普通に読む

ステップ3～ステップ5の「3回の速読」が、この速読トレーニングのメイン
です。その前のステップ1、ステップ2は準備段階、そして翌日の読み直しは補
助的なものと考えてください。ステップ3～ステップ5の3回の速読で、速読
意識を上げながら、だんだんリーディングスピードを上げていきます。

　図にあるように、ステップ3（速読1回目）の速さを基準として、ステップ4
ではその1.5倍、ステップ5では2倍になるようにスピードを上げていきます。
最終的にかなり速いスピードで読むことになりますが、これは前述のとおり、精
読的な読み方を変えるために、あえて負荷をかけたトレーニングをするからです。

　そして、1ヶ月間（4週間）、毎日違う文章を読んでいきます。**一日分の文章の**
長さは400～600ワードくらいがおすすめです。本書では、第3章で約1ヶ
月分の速読トレーニング用の教材を用意しています。一日の中では、同じ文章
を5回（5ステップ分）、読み方を変えて読んでいくことになります。毎日ある
程度の長さの文章を読む練習を続けていくと、速読力だけでなく、読書体力の
基礎も身に付きますので、最初は「少し長くてしんどいな」と思うくらいの長さ
のものを選んでみましょう。

　トレーニングに使用する英文は好きなもので構いません。ただ、400ワード
～600ワードで完結してしまうものだと、毎日「今日は何を使ってトレーニング
をしよう」と教材を選ばなくてはならず、それ自体が面倒になってしまう可能性
があります。1ヶ月間トレーニングをスムーズに継続していくためには、実際の
洋書などある程度長さのあるものを用意し、毎日区切って使っていくのがおすす
めです。ペーパーバックの洋書では、1ページが300ワードくらいですので、1.5
～2ページずつ使うといいですね。

　では、各ステップの内容を見てみましょう。

●準備段階

ステップ 1：普通読み

　速読前の準備段階として、まずは現状確認をします。無理のないスピードで英文を読んで、タイムを計り記録しましょう。Before ／ After の Before の状態を確認するために行いますので、速く読もうとしなくて構いません。ただし、返り読みのクセをなくしていくため、ここでも返り読みをしないというルールは必ず守ってください。また、知らない単語があっても調べずに読み進めてください。どのくらいのタイムで読んで、どのくらい理解できるのかをここで確認しておきます。

ステップ 2：内容理解

　ここでは、辞書を使って単語の意味を調べたり、難しい文を読み直したりしながら、どんなことを言っているのか内容を理解します。ただし、あまり時間をかけすぎずに「**7 ～ 8 割理解できていれば良し**」としてください。速読トレーニングの目的は「精読的読み方から抜け出すこと」ですので、ここで力を入れて精読してしまうと、逆効果になってしまいます。

　なかには、プロの翻訳家でも解釈に悩んでしまうような難しい英文もあります。そもそも 100% 理解することは難しいものだと割り切って、大体理解できれば良しとする読み方に慣れていくことを心がけてください。このステップにかける時間は長くても 15 分程度にしましょう。

●ステップ 2（内容理解）の注意点

・丁寧な構文解釈はしない

　内容理解をする際に、カッコなどの記号を書き入れたくなる人もいるかもしれませんが、これはおすすめしません。記号を書き入れてしまうと、速読の時にそれが目に入って邪魔になってしまうので、書くなら鉛筆で下線を引くくらいにしましょう。

　また、精読の時には、意味のかたまりごとにスラッシュを入れるのをすすめられることが多いと思いますが、**このトレーニングではスラッシュを入れないでください**。いつもスラッシュを入れていると、スラッシュなしには理解できなくなってしまいます。できるだけ自然に、流れに乗って読めるように、精読的な読み方から離れていきましょう。

・翻訳版の使い方について

　教材として使用する英文に翻訳版がある場合は、わかりにくい英文があった時に、翻訳版の該当箇所を読んで納得する、という使い方をしてください。その本に翻訳版があるからといって、必ずしも翻訳版を毎回確認しなければいけないわけではありません。英文を読んで 7 ～ 8 割意味がわかるようなら、翻訳版は見なくて結構です。

　また翻訳版では、直訳ではなく意訳されている場合も多いので、翻訳が自分の理解と多少違っていても、あまり気にしないようにしましょう。翻訳版しか読まない人は、その内容が全てだと思って読んでいます。でも実際には、原書にはもっと細かく書かれていることも多いものです。もし英文を多少理解できない部分があっても、翻訳版しか読んでいない人よりは内容を理解できている、と考えて安心してください。

・新しい単語に出会ったら

　速読トレーニングに使う英文の中には、新しく出会う単語があると思います。このステップでは、**知らない単語の意味はどんどん調べてください**。ただし、ここで時間をかけてしっかり暗記しようとする必要はありません。調べたばかりの単語の意味はすぐには定着しませんので、何度でも簡単に見直しができるように、単語リストを作っておくことをおすすめします。そして、ステップ 3（速読 1 回目）〜ステップ 5（速読 3 回目）の合間に、毎回単語リストを見返したり、速読トレーニングを終えた後にボキャビルに使うなどして、だんだん定着させていきましょう。

・内容理解に時間をかけすぎない

　忘れてしまった文法を調べたりしていると、とても 15 分では理解できない、という方もいるでしょう。たしかに、普段から英文を読み慣れていないと、久しぶりに目にした文法・構文などに戸惑うことが多いかと思います。ただ、英語の教科書とは違い、洋書は全ての英文がきちんと文法どおりに書かれているとは限りません。このステップでは 7 〜 8 割の内容理解ができれば十分ですので、あまり時間をかけすぎないようにしましょう。時間をかけすぎると、速読トレーニングの負荷が大きくなり、挫折しやすくなってしまいます。

・内容理解が浅いのでは、と不安になる人へ

　反対に「特に文法を意識しないで、ざっくり内容理解をしているが、これでいいのだろうか」と不安になる方もいると思います。文法をしっかり確認しなくても、自分で内容が理解できたと思えば大丈夫です。自分の感覚で決めていただいて結構です。文法にあまりこだわらずに英文を読めることは、速読するうえで大きな強みになるので、その力はぜひ大事にしてください。

●メインステップ：3回の速読の実践方法

　ステップ3〜ステップ5は、速読トレーニングのメインとなるステップ。この3回の速読のステップでは、**どんどん速読意識を働かせてリーディングスピードを上げていきます。**これが速読トレーニングの肝ですので、必ず毎回目標を持って、それを達成するようにがんばりましょう。

ステップ3：速読1回目

　最初の速読です。内容を意識しながら、できるだけ速めのスピードで読み、タイムを記録しましょう。この速読1回目のタイムをベースに、段階的に速度を上げていきます。

ステップ4：速読2回目

　ステップ3（速読1回目）よりも速く読む意識を持って、ステップ3のスピードの1.5倍を目標に速読し、タイムを記録しましょう。タイムを3分の2に縮められれば、1.5倍のスピードで読めたことになります。速読1回目よりも集中力が必要とされます。単語をスキップしてしまわないように、流れるように前へ前へと読んでいきましょう。

ステップ5：速読3回目

　最後の速読です。「これ以上は速く読めない」と思うスピードで視点を動かしましょう。ステップ3（速読1回目）のスピードの2倍を目標に速読し、タイムを記録しましょう。タイムを半分に縮められれば、2倍のスピードで読めたことになります。理解度はかなり落ちてしまうかもしれませんが、あまり気にせずスピードを追求してください。ただし、そのなかでも意味がとれるところはとっていきます。今までにないスピードで読みながらも、できるだけ理解しようとする意識が、速読力と集中力を高めていきます。

●速読を行う時のポイント

　いきなり「できるだけ速く読みましょう」と言われても、これまで精読的な読み方しかしてこなかった場合、「速く読む読み方がよくわからない」と思う方もいるでしょう。そこで、速読のステップを行う時の「読み方のコツ」を説明します。ただ、説明を読んだだけでは、ここに書かれたことを感覚としてつかむのは難しいでしょうから、実際に速読トレーニングをしつつ、必要であればその都度こちらに戻ってきて、内容を確認してみてください。

・速読時の視点の動かし方

　読みやすい視点の動かし方は、人によって違います。筆でなぞるように目を動かすという人もいれば、いくつかの単語のまとまりごとに視点を動かすという人もいます。また、読む行によって視点の動かし方が変わることもあると思います。

　私の場合には、視点をずっと動かしていく「動画撮影型」をベースにしつつも、かたまりでとらえられる表現が多い場合には「写真撮影型」が混じります。ただ、動画撮影型といっても、一定のペースで単語上を動くというよりは、重要そうな単語に視点を置いて、その周辺も視野に入れつつ、1 行につき 2 ～ 3 回視点を移動させていくことが多いです。

　どのような読み方でも構わないのですが、一つ気を付けていただきたいのが「単語をスキップしない」ということ。つまり、視点だけがスルスルと先に走っていってしまい、単語を読み飛ばしてしまってはいけない、ということです。速読のステップでどんどん読むスピードを上げていくと内容理解が難しくなりますから、一言一句意味を拾いながら読む必要はありません。ただ、単語は全て必ず目に入れるように意識してください。

　なかには「ペンで英文をなぞると読みやすい」という方もいます。ペンでなぞることは、ある程度のスピードまではペースメーカーの役割を果たしてくれるので良い方法ですが、読むのが速くなってくると、ペンが足かせになる危険性があります。本当はもっと速く読めるのに、ペンにつられて遅くなってしまうのです。

　また、通常はずっと一定のスピードで読むわけではなく、英文の難易度などに

よって、速く読めるところと遅くなるところの差があるはずです。しかし、それもペンの動きによって一定になってしまいます。ペンを使うことには一長一短があるので、速読意識が身に付いてきたら、ペンを使わずに読む練習もしてみるとよいでしょう。

　また、人によっては「視野を広げること」に意識がいくかもしれません。視野を広げられれば読みやすくはなりますが、1行分をひと目でとらえられるほど、視野を広げる必要はありません。そこにこだわるよりも、流れに乗って視点を動かし続ける意識を持つようにしてください。それだけでも読むのが速くなっていきます。

・速読時の意味のとらえ方と理解度

　意味は、瞬間的にとらえられるものもあれば、単語を見た後に少し遅れて意識にのぼってくるものもあります。また、目には入っているけれども、意味が意識にのぼらないこともあるでしょう。特に、なじみのない単語の場合はそうです。一度内容を理解しただけでは、新しい単語やなじみのない単語の意味は定着しないので、速読時には意味をとらえられなくても構いません。また、なかには意味が理解できなくても構わない単語もあります。ですから、速読中はとにかくスピードを優先し、意味のわからない箇所があっても読み進めることを徹底しましょう。

　そうはいっても、ただ目が英文の上をすべっているだけで、全く意味を理解できていない状態ではトレーニングになりません。**速読時の内容理解の度合いは「ステップ5で理解度5割くらい」を目安にしましょう。**話のメインの流れが理解できれば、理解度5割には達しています。全体的に目がすべっていたら、理解度は5割にも達しないはずなので、5割以上は維持できるスピードで速読してください。

　もちろん、速読トレーニングを終えて実際に好きな洋書などを読む時には、もっとスピードを落として構いません。そうすると、理解度は当然5割よりも上がっていきます。速読トレーニングでここまで速いスピードで読むのは、あくまで高地トレーニングであり、「理解度を落として速く読むことの居心地の悪さをなくすため」であると思ってください。

　ただし、「理解度を落とす」ことと「単語を読み飛ばす」ことは違います。単語は全部目に入れますが、速く読む分、意味を理解できる割合を減らして構わない、ということです。**英文を読んでから意味が理解できるまでじっと待たずに次の文へと読み進めていく、それでも理解できるものが理解度として残る**、そんな状態です。実際には、同じものを繰り返し読んでいるので理解度はそれほど落ちないことが多いはずです。

　なお速読時には、S（主語）V（述語）O（目的語）のような構文は意識しません。意識的に理解を待って読み進めるのではなく、スピードを上げることを優先させて「左から右にとにかく速く流していく」イメージで読んでいきます。そのなかでも、瞬間的に意識できるかたまりがある場合には、かたまりで意味をとらえます。ただし、瞬間的に意識できるようになるためには、その表現を定着させることが必要ですので、とりあえず、この速読トレーニングでは「左から右に速く流していく（視点を動かしていく）」と思っていただければ大丈夫です。

翌日の読み直し

　翌日のトレーニングを始める前に、まず前日分の読み直しをしてください。前日のトレーニングに使った英文を、タイムを計りながら1回通して読みます。この読み直しの時には、特にスピードを意識せず、自然に読んで構いません。

　翌日の読み直しをする目的の一つは、前日との感覚の違いを比べることです。前日にステップ1で初めて読んだ時よりも、スムーズに楽に読める感覚を味わってください。もう一つの目的は、一晩おいてから読み直すことで、単語や表現の定着度を上げることです。

速読トレーニングを練習してみよう（練習問題）

それでは、実際に速読トレーニングの 5 ステップを実践してみましょう。練習教材として、"Alice in Wonderland"『不思議の国のアリス』の冒頭部分を使います。今回は練習ですので、英文は短めになっています（253 ワード）。

まず、ストップウォッチやスマートフォンなど、時間を計れるものを用意してください。そして、できるだけ集中できる場所に移動してください。用意ができたら、ステップ 1 からスタートしましょう。

ステップ 1：普通読み

まずは「現状確認」です。59 ページの英文を無理のないスピードで読みましょう。タイムを計り、62 ページの学習記録表に記録しましょう。

▷ **ここがポイント！**
・返り読みをしない
・知らない単語があっても調べずに読み進める

ステップ 2：内容理解

単語を調べたりしながら、どんなことを言っているのか内容を理解しましょう。60 ページからの単語リストと日本語訳も参考にしてください。

▷ **ここがポイント！**
・7 ～ 8 割理解できていれば OK
・時間は長くても 15 分程度
・長い文で理解しにくい場合は、主語と動詞だけ確認する
・スラッシュや括弧は入れない

　それでは、メインの速読ステップに進みます。ステップ 3 からステップ 5 までは、間に長い休憩は入れずに、「前の速読よりも速く読もう」と思いながら、段階的に速読意識を上げていきましょう。

ステップ 3：速読 1 回目

　さあ、最初の速読です。内容を意識しながら、できるだけ速いスピードで英文を読みましょう。タイムを計り、62 ページの学習記録表に記録します。

ステップ 4：速読 2 回目

　ステップ 3（速読 1 回目）よりも速く読む意識を持って、ステップ 3 のスピードの 1.5 倍を目標に速読しましょう。しっかり集中して、単語をスキップしてしまわないように気をつけながら、前へ前へと読んでいきましょう。タイムを計り、62 ページの学習記録表に記録します。

ステップ 5：速読 3 回目

　最後の速読です。「これ以上は速く読めない」と思う速さで目を動かしましょう。ステップ 3（速読 1 回目）の速度の 2 倍を目標に速読します。理解度が落ちてしまっても気にせず、とにかく目標スピードを出すことを目指しましょう。ただし、意味がとれるところはできるだけとっていきます。タイムを計り、62 ページの学習記録表に記録しましょう。

リーディングスピードの指標「WPM」とは

　62 ページの学習記録表には、ステップ 1、ステップ 3 〜ステップ 5 のタイムを記録する欄に「WPM」という表示があります。**WPM とは、Words Per Minute の略で「1 分間あたり何ワード（何単語）読めるのか」を表す指標です。**英文を読む時のリーディングスピードは、WPM で表すことができます（英語を話すスピードを WPM で表すこともできます。その場合には「1 分間あたり何ワード話しているのか」という指標になります）。
　ネイティブの平均的なリーディングスピードは 250 〜 300WPM くらいと言わ

れています。日本人の英語を読むスピードは、英語初心者で 50 ～ 100WPM、意識してリーディングのトレーニングをした人や、普段から英語を読みなれている人で 150WPM くらいです。

　WPM は「ワード数÷リーディングタイム（秒）× 60」で計算することができます。読む英文のワード数が毎回バラバラでも、自分のリーディングスピードを常に WPM で測ることができるので便利です。そして、「読みやすい文章なら 150WPM（１分あたり 150 ワード）くらいのスピードで読める」というように、自分のおおまかなリーディングスピードを知っておくと、速読トレーニングを終えた時の目標値も設定しやすくなります。ですから、本書の第 3 章に収録されている教材を使って速読トレーニングを行っていく場合は、タイムを記録する時に、実際にかかった分数（秒数）だけでなく、WPM も計算して記入していきましょう。
　ただ、ご自身で好きな洋書を使って速読トレーニングをする場合には、WPM を計算しなくても大丈夫です。というのも、本書の練習教材は、ワード数を記載しているのですぐに WPM を計算できるのですが、別の洋書を使う場合、WPM を算出するには毎回その日のトレーニングに使う英文のワード数を数えなくてはならないからです。特にペーパーバックでトレーニングをする場合には、ワード数が掲載されていないことがほとんどで、ワード数を数えるのは大変ですし、その時間がもったいないと思います。
　本書以外のものを教材にする場合には、トレーニングに使う部分が毎日なるべく同じくらいの量になるように使い、それを読むのにかかった分数や秒数を記録していけばよいでしょう。または、１ページ 300 ワードとみなして、大体の WPM を計算する、というのもおすすめです。

　後で紹介するレベル別洋書には、語数が記載されている本も多くあります。

練習問題英文

Alice was beginning to get very tired of sitting by her sister on the bank, and of having nothing to do: once or twice she had peeped into the book her sister was reading, but it had no pictures or conversations in it, 'and what is the use of a book,' thought Alice 'without pictures or conversations?'

So she was considering in her own mind (as well as she could, for the hot day made her feel very sleepy and stupid), whether the pleasure of making a daisy-chain would be worth the trouble of getting up and picking the daisies, when suddenly a White Rabbit with pink eyes ran close by her.

There was nothing so very remarkable in that; nor did Alice think it so very much out of the way to hear the Rabbit say to itself, 'Oh dear! Oh dear! I shall be late!' (when she thought it over afterwards, it occurred to her that she ought to have wondered at this, but at the time it all seemed quite natural); but when the Rabbit actually took a watch out of its waistcoat-pocket, and looked at it, and then hurried on, Alice started to her feet, for it flashed across her mind that she had never before seen a rabbit with either a waistcoat-pocket, or a watch to take out of it, and burning with curiosity, she ran across the field after it, and fortunately was just in time to see it pop down a large rabbit-hole under the hedge.

単語リスト

bank	（小道・畑の境界となる）土手
peep	のぞき見する
daisy-chain	ヒナギクの花輪
worth	〈…するに〉値して
remarkable	驚くべき、珍しい
out of the way	常軌を逸した
afterwards	後になって
occur to	〈人の心に〉浮かぶ
ought to	…すべきである
quite	全く、すっかり
actually	なんと
waistcoat	チョッキ
start to one's feet	飛び上がる、跳ね起きる
flash across one's mind	突然心に浮かぶ、パッと思いつく
curiosity	好奇心
hedge	生垣

日本語訳

　アリスは、土手の上でお姉さんの隣に座っていても何もすることがなく、飽きてきてしまいました。お姉さんが読んでいる本を一度か二度のぞき見したものの、そこには挿絵も会話もありません。「挿絵も会話もない本なんて、なんの役に立つのかしら?」とアリスは思いました。

　そこでアリスは一人考え始めました（暑い日だったので彼女はすごく眠くなり頭も働かなかったので、できる限りといったところですが）——ヒナギクの花輪を作るのは楽しそうだけど、わざわざ起き上がってヒナギクを摘むほどのものかしら——。その時です。ピンク色の目をした白いウサギがアリスのすぐそばを駆けていきました。

　その様子に、たいして珍しいことは何もありませんでした。ウサギが「ああ、大変だ!大変だ!遅刻してしまう!」と、ひとりごとを言っているのを聞いても、アリスは変だと思いませんでした（後になってもう一度考えると、その光景は驚くべきものだとわかるのですが、その時は全くもってなんてことないように思えました）。しかし、ウサギがなんとチョッキのポケットから時計を取り出し、それを見て大急ぎで行ってしまった時、アリスは飛び上がりました。なぜなら、突然ハッと気付いたからです——ポケット付きのチョッキを着て、しかもそこから時計を取り出すウサギなんてこれまで見たことがない、と。アリスは好奇心に駆られ、ウサギの後を追って野原を駆け抜けると、幸運にもウサギが生垣の下にある大きな巣穴に飛び降りる瞬間を見とどけたのです。

日付	ワード数	ステップ 1 （普通読み）	ステップ 3 （速読 1 回目）	ステップ 4 （速読 2 回目）	ステップ 5 （速読 3 回目）
/	253	分　　秒 （　　　秒） WPM	分　　秒 （　　　秒） WPM	分　　秒 （　　　秒） WPM	分　　秒 （　　　秒） WPM
振り返り					

WPM の計算方法：WPM ＝ワード数 ÷ リーディングタイム（秒）× 60

　いかがでしたか？　ステップ 3 からステップ 5 まで、段階的に速くしていくことができたでしょうか。各ステップの WPM も計算しましょう。そして、最後に振り返りも書いてみてください。どのような感覚で読んだか、集中できたか、速読意識は上げられたか、速読ステップのリーディングタイムに対する反省（目標を達成できた、できなかったにかかわらず、なぜこのタイムになったのか）、その他何か気づいたことがあれば記入しておきましょう。

　最初からうまくできなくても大丈夫です。「速読意識を上げていく」「スピード（タイム）の目標を毎回意識して、理解度よりもスピードを重視して読んでいく」というポイントを忘れずに、速読トレーニングを実践していきましょう。

　この練習問題を終えて、疑問点があれば、49 ページからの各ステップの説明に戻って読み直しましょう。特に疑問点がなければ、次に進んでください。

速読トレーニングのコツと対処法

　練習問題を終えて、特に速読のステップについて「これでいいのかな?」と疑問が浮かんだ方もいるかもしれません。ここでは、速読トレーニングにおけるコツや、スピードが速くならなかったときの対処法などをお伝えしておきます。

・どのくらいのリーディングスピードを目指したらよいか

　先ほどの練習問題で『不思議の国のアリス』を読んでいただき、ご自身のWPMを算出できたでしょうか。目標とするリーディングスピードについて、WPMを使って説明したいと思います。

　中学生や高校生を対象とした速読指導の効果に関する研究はいくつかありますが、日本人の目標とするリーディングスピードについて、ある研究では「目標値としては理解度70%で、大学生で200WPM、高校生で150WPM、中学生で100WPM位がほぼ妥当である」としています。ただし、大学生や大人でも、特別なトレーニングをしておらず、日常的に英文を読むことがほとんどない人は100WPMくらいでしょうし、普段から仕事などで英文に触れている人は特別なトレーニングをしていなくても150WPMくらい、もしくはそれ以上で読めることが多いでしょう。

　現状のリーディングスピードが、100WPMに到達しなかった方もいるかもしれません。でも、そんなあなたも決して落ち込む必要はありません。むしろ、それだけ速読トレーニングでの伸びしろがたくさんあると思って、喜んでください。

　目標WPMの目安ですが、「**ネイティブが読む洋書や記事を自然なスピードで読めるようになりたい**」と思う人は、**200WPMを目指しましょう**。このくらいのスピードになると、ほとんどの方は「英語を読むことに支障がない」という状態になるはずです。TOEICのリーディングセクションもかなり余裕を持って終えられます。

　とはいえ、現状リーディングスピードが100WPMの人がいきなり200WPMを目指すのは大変ですので、**まずは「現状のWPM + 50」を目標**にして、それを達成してから段階的にWPMを上げていくようにしましょう。すでに

200WPM 前後のスピードを持っている人は、さらに上を目指しましょう。この場合も、「現状の WPM ＋ 50」を目標にしてみてください。

・3 回の速読でスピードが速くならなかったらどうするか

　もし、3 回の速読でスピードが速くなっていかなかった場合には、何が原因で速くならなかったのかを振り返ることが大切です。原因として多いのは次の 3 つです。原因ごとに対処法もあげておきますので、振り返りを次に活かしましょう。

①速読意識が不足していた

　【対処法】速読意識をもっと上げましょう。速く読もうとしなければ速く読むことはできません。理解度が落ちることに抵抗がある場合には、まずは目標タイムを出すことにこだわり、速読意識の上げ方が身に付いた後で、理解度が落ちすぎないようにするバランスを見つけていく、と考えましょう。

②細部にこだわってしまった

　【対処法】細部にこだわらずに、**イメージを思い浮かべながら読むことを意識してみましょう**。わかったところをもとに、そのイメージをどんどん動かしていくようなつもりで読んでいきます。単語の意味を忘れてしまっていた場合には、単語リストで復習をすることも大事ですが、速読中にはわからない単語で止まらないようにします。文法や構文がわからないこともあるかもしれませんが、ステップ 2 の内容理解で時間をかけてもわからなかった場合には、速読時にもこだわらないようにしましょう。

③集中力が欠けていた

　【対処法】速読には集中力が欠かせません。疲れている時や、気が散る要素があると、集中力は落ちてしまいます。特に速読 3 回目になると、かなり速いスピードで読みますので、ちょっとした集中力の差がタイムに影響してしまいます。リフレッシュして、集中できる環境や時間帯を探して、再チャレンジしましょう。

・一度内容理解をした後で速く読めるのは当然では？

　ステップ 2 で一度時間をとって内容理解をしているので、速読のステップの段階では、英文の意味が理解できた状態になっています。その状態で同じ英文を速読すれば、前より速く読めるのは当たり前だと思う人もいるでしょう。それで速く読めたとしても、速読ができるようになったわけではないと感じるかもしれません。しかし、このトレーニングでは、読めるようになりたい速度を大きく超える速さで読むことで、「速読意識の持ち上げ方を身に付ける」ことができます。実際にやっていただくとわかりますが、一度意味を理解した英文でも、速読しながら意味を意識しようとすると、かなり集中力が必要で、難しいものです。それが、高地トレーニングのように効果を上げることに繋がります。

　また、この速読トレーニングは、トレーニングで使ったものと同じレベルの英文を、初見でトレーニング時のような速さで読めるようにすることが目的ではありません。ですから、実際に洋書をすらすら読めるようになるためには、速読トレーニングに加え、ボキャビルで単語力を身に付け、好きなものをたくさん実践で読んでいくことで、読む時の流暢さを上げていく必要があります。トレーニングの目的と、速読のステップの意味を理解して実践していただければと思います。

・速読中に単語の意味を忘れてしまったら？

　速読中に単語の意味を忘れてしまうことがあるかもしれませんが、速読中にはステップ 2 で作った単語リストは見ません。速読の開始前や、速読 1 回目と 2 回目、2 回目と 3 回目の合間に、単語リストを毎回見返すのがおすすめです。何度も見ることで新しく覚えた単語を定着させる効果があります。ステップ 2 で単語をリスト化しておかなかった場合には、各速読の合間に意味を確認してください。

・頭の中で単語の音が鳴ってしまうのはどうすればいいか

　読みながら、頭の中で単語の音が鳴り響いてしまうという方もいるかと思います。頭の中で多少音読してしまうのは仕方ないのですが、全ての文を音読するのではなく、ところどころしか音が響かない状態が理想です。全ての音を響かせると、どうしても読むのが遅くなってしまいます。とはいえ、これを響かないよ

うに意識することは難しいので、そこに意識を向けるよりも「**とにかく速く読む**」**ということに意識を向けてください。**リーディングスピードが上がると、自然に頭の中で響く音は減っていくはずです。

・「こんな読み方で大丈夫だろうか」とモヤモヤする

　これまで精読的読み方に慣れていた方ほど、このモヤモヤした感覚を持ちやすいと思います。従来の「正確に理解しながらゆっくり読む」読み方と全く違う読み方ですので、モヤモヤしないほうがおかしいのです。「**とにかくスピードを優先して読み、意識にのぼってくる意味だけをつかまえる**」という方法を守って続けてもらえれば、その違和感がだんだんなくなるはずです。それを実感しながらトレーニングを進めましょう。

　違和感どころか、理解度を落とすことに抵抗を感じる方もいると思います。これまで英語学習をがんばってきた方ほど、「正確に理解しながら読み進めたい」という欲求も強いでしょう。「少し時間をかければわかる」という体験も多く積み重ねていると思います。しかし、ここではスピードが命です。**目標タイムを出すことがゴール**だと思って、しばらく続けてみてください。

　そして、**速読中はストップウォッチは見ないようにしてください。**「意識的に速く読む」こと、そのなかでも「意味をとらえられるところはとらえていく」ことに集中してください。ストップウォッチはあくまで、結果的にどのくらいのタイムで読めたかを計測するために使います。

速読トレーニング卒業の目安

　速読トレーニングを行う期間の目安は約 1 ヶ月（4 週間）ですが、トレーニングの効果が早めに出る人もいますので、以下の変化が現れてくることを目安に、もう十分だと思ったら卒業してください。

> （1）リーディングスピードの上げ方がわかってくる
> （2）返り読みをしないことに慣れてくる
> （3）最初は長く感じていた英文が前より楽に読めるようになる

　このような変化が現れてくるのに、通常は 1 ヶ月程度かかると思いますが、早いと 2 週間程度でこれらの変化が感じられる人もいます。自分の英語の読み方に敏感になって、しっかり振り返りができた人ほど、早めにコツをつかむ傾向があります。リーディングタイムを記録するだけでなく、読んでいるときの集中度合い、読み方の変化など、さまざまな視点で振り返りをしてください。その振り返りで得られた感覚と、実際のタイム（速度）とを照らし合わせていくことで、速読トレーニングの目的である「スムーズな読み方」に、効果的に近づけていくことができます。どんなふうに読むとスピードを上げやすいでしょうか。また、集中しやすいでしょうか。時間帯や場所、疲れ具合は集中力に大きく影響しますし、目の動かし方、姿勢、英文と目の距離などによっても読みやすさが変わります。ぜひ、色々試して、自分が集中しやすく、スピードを上げやすい状態を探してください。

　上記の (3) の状態まで到達すれば速読トレーニングとしては目的達成です。この頃には、長い英文を読む基礎体力ができ、返り読みをせずに流れに乗って読む読み方も身に付いた状態になります。速読トレーニングを卒業して、好きなものを自分のペースで読みながら、リーディング力をさらに上げていってください。
　「洋書を 1 冊読んでみたくてウズウズしてくる」というのも、トレーニング卒業のひとつの目安です。そうなったら、その段階で洋書にチャレンジしてみてください。前より楽に読み切ることができるようになっているはずです。

この速読トレーニングを1ヶ月間行うと、スピーディーに読む力と読書体力の基礎が身に付き、洋書を読めるようになります。しかし、これだけでは足りないのが、単語力の強化です。単語力はリーディング力を上げていくためには欠かせないものですが、速読トレーニングでは少ししか単語力を増やすことができません。ですので、速読トレーニングとは別にボキャビルを行っていきます。効果的なボキャビルの方法については、第4章で紹介します。

速読トレーニングの Q&A

　本章の最後に、速読トレーニングに関する Q&A を掲載します。実際にこのトレーニングを試していただいた方々から頂いた質問への回答です。同じような疑問を感じたら、ぜひ参考にしてください。

Q. ステップ1の理解度が低いようです。ステップ2の内容理解で翻訳版を読むと、ステップ3以降ではその訳を思い出そうとして、読むよりもそちらに気持ちがいってしまうことがあります。どうすればいいでしょうか。

A. ステップ1の理解度が低い場合、特に5割以下の場合には、ステップ2の内容理解の後に、一度ステップ1と同じように、速読意識は持たずに無理のないスピードで全体を通読してください。それで理解度を一旦上げておいてからステップ3の速読1回目に入ると、速読に意識を向けやすくなります。

Q. 5ステップのトレーニングが終わった後に、単語を覚えたり、じっくり構文解析するのはいいでしょうか。

A. それは構いません。単語力強化、精読力強化は、長期的なリーディング力の向上につながりますので、余力があればぜひ行ってください。単語は速読の合間にも毎回見直すと、さらに定着しやすくなります。

Q. 速読のコツはつかめてきた気がしますが、わからない単語があまりに多いと、辞書なしに読むのは厳しいように思います。難しすぎる場合には教材を変えたほうがいいのでしょうか。

A. 今回は速読トレーニングですので、わからない単語があっても調べずに読み進めていく練習をして、速読意識を身に付けていきます。しかし、実際の読書では、わからない単語は調べながら読んで構いません。「内容をつかむためには 90% 以上の単語がわかる必要がある。ストレスなく読むには 95 〜 97% の単語を知っているのが理想的」だと言われています。500 ワード中わからない単語が 25 個（5%）以上あればストレスを感じるということです。つまり、単語力は「ストレスのないリーディング」をするためには欠かせません。この速読トレーニングの中でも、速読の合間に単語リストを見直して、ぜひ単語を定着させてください。また、難しすぎる場合は、無理をせずに教材を易しいものに変えましょう。ちなみに、実際の読書で単語を調べながら読むときには、紙やオンラインの辞書で調べると遅くなってしまうので、単語を長押しするだけで意味が調べられる Kindle を活用するのがおすすめです。

Q. TOEIC の対策として速く読めるようになりたいのですが、その場合は TOEIC の問題集の Part7 を使ってトレーニングをしたほうがいいのでしょうか。もしくは、やはりネイティブ向けの洋書のような難しいものでトレーニングをしたほうがいいのでしょうか。

A. TOEIC の対策として速読トレーニングをする場合でも、TOEIC より難しいものでトレーニングをしたほうが、TOEIC のリーディングが楽に感じるという効果がありますので、ぜひ洋書を使ってトレーニングをしてみてください。

　ただし、TOEIC に出るような文章を使うほうがモチベーションが上がって続けやすい、という場合には、そのような文章を使いましょう。何より大事なのは「続けられること」です。

Q. 私はTOEIC600点に達していない初級者なのですが、この速読トレーニングは中級者以上が対象なのでしょうか。

A. この速読トレーニングは、教材のレベルを変えることで、どんなレベルの方にも取り組んでいただけるトレーニングです。速読意識を身に付けることが目的だからです。ただし、英語の基礎力がついてからのほうが、速読トレーニングの効果は出やすいと思います。初級者の方が速読トレーニングに取り組む場合には、本書の中の実践練習や、ネイティブの読むような洋書を使う前に、5章で紹介するようなレベル別洋書（レベル別に語彙制限があって易しく書かれたもの）を題材として使うのがおすすめです。それと並行して、ボキャビルや文法の弱点の見直しを行っていくことをおすすめします。

Q. 多義語（複数の意味がある単語）が出てきたときに、どの意味なのかがわかる力は、速読トレーニングで身に付くのでしょうか。

A. 多義語について、この文脈ならこういう意味だ、と推測できる力は、たくさんリーディングをしていく中で身に付いていくもので、速読トレーニングで一気に身に付けられるものではありません。しかし、速読トレーニングをすると、難しい英文に挑戦する勇気や、長い英文を読み続ける読書体力の基礎を作ることができます。それによって、大量の英文をどんどん読み進められるようになり、結果として、多義語の意味を推測する力を上げていくことができます。

Q. 速読トレーニングとは別に、イメージ化の練習はしていったほうがいいのでしょうか。

A. イメージ化はリーディングでもリスニングでも、内容を理解するために有効ですので、ぜひ速読トレーニングとは別に練習してください。全ての文について鮮明にイメージを作る必要はないのですが、イメージ化しやすい単語や文から、少しずつ練習してみましょう。読んだり聞いたりしたときにイメージ化できる文が増えるほど、理解しやすくなり、一度理解したものが残りやすくなります。

Q. リーディングができるようになった英文をスピーキングで使うためには、スピーキングの練習をしないとだめなのでしょうか。

A. インプットしたものは、インプットしただけではすぐに使えるようにはならず、アウトプットの練習が必要です。つまり、スピーキングで使いたければ、スピーキングの練習が必要です。音読したり、一人で口に出してスピーキングしてみて、その後は実際に誰かに向かって話してみましょう。最初はたどたどしくても構いません。一度がんばって使ってみると、だんだんスムーズに使えるようになっていきます。

速読トレーニング用教材の選び方

　第3章で「今日から使える速読トレーニング実践用教材」として、オー・ヘンリーの短編5つを収録しています。28日分に分けて、英文と単語、和訳を載せていますので、ぜひやる気になったらすぐに速読トレーニングを始めてください。

　この第3章の教材以外のものを使って速読トレーニングをしたい場合には、英文と日本語訳が対になって掲載されている対訳本を使うのがおすすめです。**「IBC 対訳ライブラリー」**（IBC パブリッシング株式会社）のシリーズは左ページが英語、右ページが日本語になっており、難しい単語の解説も下に載っているので使いやすいと思います。「ジキルとハイド」「レ・ミゼラブル」「グレート・ギャツビー」「不思議の国のアリス」やアガサ・クリスティーの「そして誰もいなくなった」など、有名な小説をコンパクトにしたものがあります。また小説以外にも、アインシュタイン、スティーブ・ジョブズ、ジェフ・ベゾスなどの偉人伝もあります。

　これ以外にも、自分の好きな洋書を速読トレーニングに使っていただいても構いません。その場合には、できるだけ日本語の翻訳版も用意して、参考にしましょう。日本語訳がないと、ステップ2の内容理解が「自分なりの理解」になってしまい、不十分なままに速読を進めることになってしまうかもしれません。できるだけ正しく内容理解をしたうえで、速読を進めましょう。ただし、翻訳版は日本語として自然になるように、英文を直訳するのではなく、かなり意訳しているケースも多いものです。そういう意味では、上にあげたような対訳本を使うのがおすすめです。

CHAPTER

3

第 3 章

今日から使える
速読トレーニング実践用教材

今日から使える
速読トレーニング実践用教材

　本章では、速読トレーニングをすぐに始められるよう、28日分の実践用教材を用意しています。本書を全部読み終えてから速読トレーニングを始めても構いませんが、今すぐにやってみたい、という方は、本章の教材を使って速読トレーニングを始めてください。1日分を400ワード前後〜500ワード程度になるように、内容にも配慮しながら区切っています。

　もちろん、前章で紹介したように、自分の好きな洋書で速読トレーニングをしても構いません。本章の教材を1日分やってみて、自分の好みに合いそうならそのまま使っていく、というのもいいですね。

　本章の教材としては、オー・ヘンリーの以下の短編5つを使っています。ぜひ、内容も楽しみながら速読トレーニングを進めていきましょう。

1. 賢者の贈り物	THE GIFT OF THE MAGI
2. 警官と賛美歌	THE COP AND ANTHEM
3. 伯爵と婚礼の客	THE COUNT AND THE WEDDING GUEST
4. よみがえった改心	A RETRIEVED REFORMATION
5. 最後の一葉	THE LAST LEAF

　内容理解の参考になるよう、日本語訳と単語リストをつけています。日本語訳は、英文との対応がわかりやすいよう、できるだけ直訳をしていますが、意味がわかりにくい部分は（）で内容を補足しています。

　また、今は使われていない古い表現が出てくることがあります。固有名詞も頻出します。そうした単語や表現については、脚注や単語リストの中で補足説明を入れていますので、それらを参考にしてください。

　本書とは別に、毎日必要な分だけ持ち歩けるように、「今日から使える速読ト
レーニング用教材」の PDF も用意しています。また、Excel の記録用フォーム
も用意していますので、タイムや振り返りを記録していきましょう。このフォーム
では WPM が自動計算されますので便利です。

　手書きで記録したい方は、これをプリントして使うか、各日の最後の学習記
録表を使ってください。

▶ 速読トレーニング実践用教材ダウンロード URL
http://pbook.info/reading2

・今日から使える速読トレーニング用教材（PDF）
・速読トレーニング記録用フォーム実践用（Excel）

それでは、１日目から速読トレーニングを始めましょう！

DAY 01 賢者の贈り物（1）
THE GIFT OF THE MAGI

 英文 ＜１日目＞ 401ワード

ONE dollar and eighty-seven cents. That was all. And sixty cents of it was in pennies. Pennies saved one and two at a time by bulldozing the grocer and the vegetable man and the butcher until one's cheeks burned with the silent imputation of parsimony that such close dealing implied. Three times Della counted it. One dollar and eighty-seven cents. And the next day would be Christmas.

There was clearly nothing to do but flop down on the shabby little couch and howl. So Della did it. Which instigates the moral reflection that life is made up of sobs, sniffles, and smiles, with sniffles predominating.

While the mistress of the home is gradually subsiding from the first stage to the second, take a look at the home. A furnished flat at $8 per week. It did not exactly beggar description, but it certainly had that word on the lookout for the mendicancy squad.

In the vestibule below was a letter-box into which no letter would go, and an electric button from which no mortal finger could coax a ring. Also appertaining thereunto was a card bearing the name "Mr. James Dillingham Young."

The "Dillingham" had been flung to the breeze during a former period of prosperity when its possessor was being paid $30 per week. Now, when the income was shrunk to $20, though, they were thinking seriously of contracting to a modest and unassuming D. But whenever Mr. James Dillingham Young came home and reached his flat above he was called "Jim" and greatly hugged by Mrs. James Dillingham Young, already introduced to you as Della. Which is all very good.

Della finished her cry and attended to her cheeks with the powder rag. She stood by the window and looked out dully at a gray cat walking a gray fence in a gray backyard. Tomorrow would be Christmas Day, and she had only $1.87 with which to buy Jim a present. She had been saving every penny she could for months, with this result. Twenty dollars a week doesn't go far. Expenses had been greater than she had calculated. They always are. Only $1.87 to buy a present for Jim. Her Jim. Many a happy hour she had spent planning for something nice for him. Something fine and rare and sterling—something just a little bit near to being worthy of the honor of being owned by Jim.

日本語訳 ＜１日目＞

　１ドル87セント。それが全てだった。そしてそのうち60セント分は１セント銅貨であった。食料雑貨店や八百屋、肉屋に強引に押し通す（＝値切る）ことによって、一度に１セント、２セントと貯めてきた銅貨だ。このようなケチな取引が意味する「極度な倹約」という無言の非難に、顔から火が出るような思いまでして貯めたのだ。三度もデラはそれを数えた。１ドル87セント。そして次の日はクリスマスだ。

　みすぼらしい小さなソファにどっと倒れ込み、泣きわめくほか、なにもできることはなかった。だから、デラはそうした。それは、人生は「むせび泣くこと」と「すすり泣くこと」と「笑うこと」から成り立っており、「すすり泣くこと」が優位を占めている、という教訓的な考えを起こさせた。

　この家の主婦（＝デラ）が、第一段階（＝むせび泣くこと）から第二段階（＝すすり泣くこと）へと徐々に感情がやわらいでいく間に、この家を見ていただこう。週８ドルの家具付きアパートメント。それは必ずしも言語に絶するほどではなかったが、間違いなく浮浪者を取り締まる部隊を警戒するほどのありさまであった。

　階下の玄関には、手紙もやって来ないだろう郵便受けと、人間の指ではどうしても呼び鈴を鳴らすことのできない電気ボタンがあった。また、それに付随して１枚の表札があり、「ミスター・ジェームズ・ディリンガム・ヤング」と記載されていた。

　その「ディリンガム」は、以前の繁栄の時期には、そよ風にのっているような状態で、その頃はこの名前の所有者にも週に30ドル（の給料）が支払われていた。ところが、収入が20ドルに減った今では、「ディリンガム」の文字を、慎み深くでしゃばらない頭文字の「D」だけに縮めることを真剣に考えていた。しかし、ジェームズ・ディリンガム・ヤング氏が帰宅して、階上の彼の家に着くと、いつも彼は「ジム」と呼ばれ、すでに「デラ」として紹介しているジェームズ・ディリンガム・ヤング夫人に大いに抱きしめられるのだ。これは、まことに結構なことである。

　デラは泣き止むと、パフで頬に粉をはたいた。彼女は窓際に立ち、灰色の裏庭で灰色の柵を歩いている灰色の猫をぼんやりと見つめた。明日はクリスマスで、ジムにプレゼントを買うのにたったの１ドル87セントしかない。彼女が何ヶ月もの間、可能な限りの小銭を貯めてきた結果がこれだ。週に20ドル（の給料）では十分ではない。出費は、彼女が見積もっていたよりも大きかった。いつもそうだ。ジムへのプレゼントを買うのにたっ

た 1 ドル 87 セント。大切なジム。彼女は、彼のために何か素敵なものを、と考えて幸せ
な時間を過ごした。何か素晴らしくて、珍しくて、真正なもの ——ジムに持っていてもら
えるという名誉に少しでも値するような何か。

pennie	１セント銅貨	gradually	徐々に
bulldoze	～に強引に押し通す	subside	静まる、やわらぐ
grocer	食料雑貨商	furnished	家具付きの
vegetable man	八百屋	flat	アパートメント
butcher	肉屋	beggar description	言語に絶する
imputation	非難	certainly	間違いなく
parsimony	極度の倹約	on the lookout for	～を警戒して
close	ケチな	mendicancy	浮浪者
dealing	取引	squad	隊
imply	暗示する	vestibule	玄関
flop down	どっと倒れ込む	mortal	人間の
shabby	みすぼらしい	coax	～をうまく取り扱う
couch	ソファ	appertain	付随する
howl	泣きわめく	thereunto	《古語》それに
instigate	起こさせる	bear	日付などの記載がある
moral	教訓的な	fling ... to	人を～の状態に陥らせる
reflection	熟考	breeze	そよ風
sob	むせび泣く	former	以前の
sniffle	すすり泣く	period	時期
predominate	優位を占める	prosperity	繁栄
mistress	主婦	possessor	所有者

shrink	減る	dully	ぼんやり
contract to	～に短縮する	go far	十分である
modest	慎み深い	calculate	見積もる
unassuming	でしゃばらない	sterling	本物の、真正の
be all very good	まことにけっこうだ	worthy of	～に値して
attend to	気を遣う	honor	名誉
powder rag	パフ(お化粧用の布)		

 学習記録　＜１日目＞

日付	ワード数	ステップ１ (普通読み)		ステップ３ (速読１回目)		ステップ４ (速読２回目)		ステップ５ (速読３回目)	
／	401	分　　　秒 （　　　　　秒）	WPM	分　　　秒 （　　　　　秒）	WPM	分　　　秒 （　　　　　秒）	WPM	分　　　秒 （　　　　　秒）	WPM
振り返り									

WPM の計算方法：WPM ＝ワード数 ÷ リーディングタイム（秒）× 60

賢者の贈り物 (2)
THE GIFT OF THE MAGI

 英文 <2日目> 380ワード

There was a pier glass between the windows of the room. Perhaps you have seen a pier glass in an $8 flat. A very thin and very agile person may, by observing his reflection in a rapid sequence of longitudinal strips, obtain a fairly accurate conception of his looks. Della, being slender, had mastered the art.

Suddenly she whirled from the window and stood before the glass. Her eyes were shining brilliantly, but her face had lost its color within twenty seconds. Rapidly she pulled down her hair and let it fall to its full length.

Now, there were two possessions of the James Dillingham Youngs in which they both took a mighty pride. One was Jim's gold watch that had been his father's and his grandfather's. The other was Della's hair. Had the queen of Sheba lived in the flat across the airshaft, Della would have let her hair hang out the window some day to dry just to depreciate Her Majesty's jewels and gifts. Had King Solomon been the janitor, with all his treasures piled up in the basement, Jim would have pulled out his watch every time he passed, just to see him pluck at his beard from envy.

So now Della's beautiful hair fell about her rippling and shining like a cascade of brown waters. It reached below her knee and made itself almost a garment for her. And then she did it up again nervously and quickly. Once she faltered for a minute and stood still while a tear or two splashed on the worn red carpet.

On went her old brown jacket; on went her old brown hat. With a whirl of skirts and with the brilliant sparkle still in her eyes, she fluttered out the door and down the stairs to the street.

Where she stopped the sign read: "Mme. Sofronie. Hair Goods of All Kinds." One flight up Della ran, and collected herself, panting. Madame, large, too white, chilly, hardly looked the "Sofronie."

"Will you buy my hair?" asked Della.

"I buy hair," said Madame. "Take yer hat off and let's have a sight at the looks of it."

Down rippled the brown cascade.

"Twenty dollars," said Madame, lifting the mass with a practised hand.

"Give it to me quick," said Della.

日本語訳 ＜2日目＞

　部屋の窓と窓の間に鏡があった。おそらくあなたも8ドルのアパートでこの鏡を見たことがあるだろう。非常に細くて非常に機敏な人であれば、縦に細長い（鏡面に）（身体の右半分、左半分と）すばやく連続して映した姿を見ることによって、自身の外見についてかなり正確な概念を得られるだろう。デラはほっそりしていたので、この技を習得していた。

　突然、彼女は向きを変えて窓から離れ、その鏡の前に立った。彼女の目はきらきらと輝いていたが、その顔は20秒も経たずにその色を失った。彼女はすばやく髪を下ろすと、完全な長さまで垂れ下がらせた。

　さて、このジェームズ・ディリンガム・ヤング夫妻には2つの財産があり、彼らはこのどちらも非常に自慢にしていた。1つは、かつて父親と祖父のものであったジムの金の時計。もう1つはデラの髪の毛だ。もし、シバの女王がこの換気孔の向こう側のアパートに住んでいたら、ある日デラが彼女の髪を窓の外にぶら下げて乾かすだけで、女王陛下の宝石や贈り物はその価値を下げてしまっただろう。もし、ソロモン王がこのアパートの管理人で、彼の全ての財宝が地下室に積み上げられていたとしたら、ジムが通り過ぎるたびに彼の時計を取り出すと、羨望から自身のあごひげを引きむしるソロモン王を見ることになっただろう。

　さて今、デラの美しい髪は小さく波打ち、茶色の水の小滝のように輝きながら、彼女の周りに垂れ下がっていた。髪は彼女の膝下に達し、ほとんど彼女の衣服のようだった。そして、彼女は神経質そうに素早く再び髪を結いあげた。彼女は、一度少しの間ためらい、そのままじっと立っていたが、その間に涙が一粒か二粒、すり切れた赤いじゅうたんに飛び散った。

　彼女は古い茶色のジャケットを着た。そして古い茶色の帽子をかぶった。スカートをひらめかせ、両目には光り輝く（先ほどの涙の）きらめきを残したまま、ぱたぱたとドアの外に出ると、階段を下りて通りに出た。

　彼女は、「マダム・ソフロニー　ヘア用品各種」という看板のあるところで立ち止まった。デラは階段を1つ上に駆け上り、心を落ち着けた。息を切らしながら。マダムは大柄で、色が白すぎ、冷淡な感じで、「ソフロニー」（という名前にふさわしい人）には見えなかった。

　「私の髪を買っていただけますか？」デラはたずねた。

　「買いますよ」とマダムは言った。「帽子を取って、どんな感じか見てみましょう」

茶色の小滝が波打ちながら落ちた。

「20 ドルね」と、マダムは慣れた手つきで毛束を持ち上げながら言った。

「その 20 ドルをすぐに下さい」とデラは言った。

pier glass	窓と窓の間にある鏡	King Solomon	ソロモン王
agile	機敏な	janitor	（ビルなどの）管理人
reflection	（鏡などの）映像	pile up	積み重ねる
sequence	連続	basement	地下室
longitudinal	縦の	pluck at	ぐいと引っぱる
strip	細長い一片	about	～のあたりに
obtain	得る	ripple	小さく波打たせる
fairly	かなり	cascade	小滝
accurate	正確な	garment	衣服
conception	概念	falter	ためらう
master	習得する	worn	すり切れた
art	術	go on	身に着けられる
whirl	急に向きを変える	whirl	回転、旋回
fall to	～まで垂れ下がる	flutter	ぱたぱたと進む
possession	財産	one flight up	階段を1階分あがる
mighty	すばらしい	collect oneself	心を落ち着ける
queen of Sheba	シバの女王	pant	息切れする
airshaft	換気孔	chilly	冷淡な
hang	垂らす	yer	your の俗語
depreciate	価値を低下する	mass	大きなかたまり
Her Majesty	女王陛下	practised	慣れた

学習記録　＜ 2 日目＞

日付	ワード数	ステップ 1 （普通読み）		ステップ 3 （速読 1 回目）		ステップ 4 （速読 2 回目）		ステップ 5 （速読 3 回目）	
/	380	分　秒 （　秒）		分　秒 （　秒）		分　秒 （　秒）		分　秒 （　秒）	
		WPM		WPM		WPM		WPM	
振り返り									

WPM の計算方法：WPM ＝ワード数 ÷ リーディングタイム（秒）× 60

賢者の贈り物 (3)
THE GIFT OF THE MAGI

 英文 < 3 日目> 439 ワード

Oh, and the next two hours tripped by on rosy wings. Forget the hashed metaphor. She was ransacking the stores for Jim's present.

She found it at last. It surely had been made for Jim and no one else. There was no other like it in any of the stores, and she had turned all of them inside out. It was a platinum fob chain simple and chaste in design, properly proclaiming its value by substance alone and not by meretricious ornamentation—as all good things should do. It was even worthy of The Watch. As soon as she saw it she knew that it must be Jim's. It was like him. Quietness and value—the description applied to both. Twenty-one dollars they took from her for it, and she hurried home with the 87 cents. With that chain on his watch Jim might be properly anxious about the time in any company. Grand as the watch was, he sometimes looked at it on the sly on account of the old leather strap that he used in place of a chain.

When Della reached home her intoxication gave way a little to prudence and reason. She got out her curling irons and lighted the gas and went to work repairing the ravages made by generosity added to love. Which is always a tremendous task, dear friends—a mammoth task.

Within forty minutes her head was covered with tiny, close-lying curls that made her look wonderfully like a truant schoolboy. She looked at her reflection in the mirror long, carefully, and critically.

"If Jim doesn't kill me," she said to herself, "before he takes a second look at me, he'll say I look like a Coney Island chorus girl. But what could I do—oh! what could I do with a dollar and eighty-seven cents?"

At 7 o'clock the coffee was made and the frying-pan was on the back of the stove hot and ready to cook the chops.

Jim was never late. Della doubled the fob chain in her hand and sat on the corner of the table near the door that he always entered. Then she heard his step on the stair away down on the first flight, and she turned white for just a moment. She had a habit of saying a little silent prayer about the simplest everyday things, and now she whispered: "Please God, make him think I am still pretty."

The door opened and Jim stepped in and closed it. He looked thin and very serious. Poor fellow, he was only twenty-two—and to be burdened with a family! He needed a new overcoat and he was without gloves.

　ああ、それからの２時間は、バラ色の翼に乗って、軽快に過ぎていった。こんなめちゃくちゃな比喩は忘れてほしい。デラはジムのプレゼントを求めて、店をくまなく探し回っていた。

　彼女はついにそれを見つけた。それは、他の誰でもない、確かにジムのために作られたものだった。どの店にもこのようなものはなかった。しかも彼女は、全ての店をひっくり返すように探し回ったのだ。それは、シンプルで上品なプラチナの時計鎖だった。けばけばしい装飾によってではなく、そのもの自体がその価値を適切に示していた——良いものが往々にしてそうであるように。「あの時計」にもふさわしいほどだ。デラは、その時計鎖を見たとたん、これはジムのためのものに違いないと思った。その時計鎖は彼に似ていたのだ。静かでありながら、価値がある——その様子は時計鎖とジムの両方に当てはまった。彼女は 21 ドルをその時計鎖に支払った。そして、残りの 87 セントを持って家に急いだ。あの時計にこの鎖をつければ、ジムはどんな人たちの中でも堂々と時間を気にするようになるだろう。時計は立派なものであったのだが、鎖の代わりに古い革ひもを使っていたため、彼は時々、こっそりと時計を見ていたのだ。

　デラが家に着くと、彼女の興奮は慎重さと理性にいくらか取って代わられた。彼女はヘアアイロンを取り出してガスをつけ、愛情に加わった気前の良さによって生じた損害の修復にとりかかった。それは常に途方もない大仕事だ、みなさん——本当に大仕事なのだ。

　40 分以内に、彼女の頭は小さく、びっしり並んだカールで覆われたのだが、それは不思議にも、ずる休みをした男子生徒のようだった。彼女は、鏡に映る自分の姿を、長く、注意深く、批判的に見つめた。

　「ジムは私を殺さないとしても」彼女は自分自身に言った。「私を二度見る前に、私がコニー・アイランドのコーラス・ガールのようだ、と言うでしょうね。でも、私に何ができたっていうの——そう！ １ドル 87 セントで何ができたと？」

　7 時にはコーヒーができ、フライパンはストーブの背で温まり、肉を焼く準備ができた。

　ジムは遅れたことがなかった。デラは手の中で時計鎖を二重にし、いつも彼が入ってくるドアの近くのテーブルの隅に座った。すると、階段の下のほうの最初の段を踏むジムの足音が聞こえ、デラの顔はほんの一瞬蒼白になった。彼女は日常の最もささいなことについてでも、短く静かにお祈りをする習慣があり、この時もささやいた。「どうか神様、

私はまだきれいだと、彼に思わせてください」。

　ドアが開き、ジムは足を踏み入れてドアを閉じた。彼はやせ細り、とても深刻そうな顔をしていた。かわいそうなあなた、ジムはたった 22 歳──それでいて家族という重荷を負っているなんて！ 彼には新しいコートが必要だし、手袋もしていなかった。

単語リスト　＜３日目＞

trip	軽快な足どりで歩く	in place of	～の代わりに
hash	めちゃくちゃにする	intoxication	興奮
metaphor	比喩	give way to	～に取って代わられる
ransack	くまなく探す	prudence	慎重さ
turn inside out	裏返す、ひっくり返す	reason	理性
platinum	プラチナ	ravage	損害
fob chain	時計の小鎖	generosity	気前のよさ
chaste	上品な	tremendous	途方もない
properly	適切に	mammoth	巨大なもの
proclaim	示す	close-lying	びっしり並んだ
substance	物質	truant	無断欠席者
meretricious	けばけばしい	critically	批判的に
ornamentation	装飾	Coney Island	NYのリゾート地
quietness	慎ましさ	chop	小さな肉片
description	描写	flight	（階段の）一続き
apply to	～に適合する	prayer	祈り
company	仲間、人の集まり	poor	気の毒な
grand	豪奢な	fellow	男、やつ、きみ
on the sly	こっそりと	burden with	人に～を負担させる
on account of	～のため	overcoat	外套

学習記録　＜３日目＞

日付	ワード数	ステップ 1 （普通読み）		ステップ 3 （速読 1 回目）		ステップ 4 （速読 2 回目）		ステップ 5 （速読 3 回目）	
／	439	分　　秒 （　　　秒）		分　　秒 （　　　秒）		分　　秒 （　　　秒）		分　　秒 （　　　秒）	
		WPM		WPM		WPM		WPM	
振り返り									

WPM の計算方法：WPM ＝ワード数 ÷ リーディングタイム（秒）× 60

英文 ＜４日目＞ 416 ワード

Jim stopped inside the door, as immovable as a setter at the scent of quail. His eyes were fixed upon Della, and there was an expression in them that she could not read, and it terrified her. It was not anger, nor surprise, nor disapproval, nor horror, nor any of the sentiments that she had been prepared for. He simply stared at her fixedly with that peculiar expression on his face.

Della wriggled off the table and went for him.

"Jim, darling," she cried, "don't look at me that way. I had my hair cut off and sold because I couldn't have lived through Christmas without giving you a present. It'll grow out again—you won't mind, will you? I just had to do it. My hair grows awfully fast. Say 'Merry Christmas!' Jim, and let's be happy. You don't know what a nice—what a beautiful, nice gift I've got for you."

"You've cut off your hair?" asked Jim, laboriously, as if he had not arrived at that patent fact yet even after the hardest mental labor.

"Cut it off and sold it," said Della. "Don't you like me just as well, anyhow? I'm me without my hair, ain't I?"

Jim looked about the room curiously.

"You say your hair is gone?" he said, with an air almost of idiocy.

"You needn't look for it," said Della. "It's sold, I tell you—sold and gone, too. It's Christmas Eve, boy. Be good to me, for it went for you. Maybe the hairs of my head were numbered," she went on with sudden serious sweetness, "but nobody could ever count my love for you. Shall I put the chops on, Jim?"

Out of his trance Jim seemed quickly to wake. He enfolded his Della. For ten seconds let us regard with discreet scrutiny some inconsequential object in the other direction. Eight dollars a week or a million a year—what is the difference? A mathematician or a wit would give you the wrong answer. The magi brought valuable gifts, but that was not among them. This dark assertion will be illuminated later on.

Jim drew a package from his overcoat pocket and threw it upon the table.

"Don't make any mistake, Dell," he said, "about me. I don't think there's anything in the way of a haircut or a shave or a shampoo that could make me like my girl any less. But if you'll unwrap that package you may see why you had me going a while at first."

日本語訳 ＜４日目＞

　ジムは、まるでウズラの匂いで静止したセッター犬のように、ドアの内側で立ち止まった。彼の目はデラにじっと向けられており、そこには彼女が読みとることのできない表情があり、その表情が彼女を怖れさせた。それは、怒りでも、驚きでも、非難でも、恐怖でもなく、彼女が心構えしていたどの感情でもなかった。彼は、その奇妙な表情を浮かべたまま、ただじっと彼女を見つめていた。

　デラは身をよじるようにテーブルを離れ、彼のほうへ行った。

　「ジム、あなた」と彼女は叫んだ。「そんなふうに私を見ないで。あなたにプレゼントをあげずにクリスマスをやり過ごすなんてできなかったから、髪を切って売ったの。髪ならまた伸びるわ——だから気にしないで、ね？ こうするしかなかったんだもの。私の髪はとても早く伸びるのよ。『メリークリスマス！』と言って、ジム、楽しみましょう。私がどんなに素敵な——どんなに美しくて素敵な贈り物をあなたのために用意したのか知らないでしょう？」

　「髪を切ってしまったの？」ジムは、苦心しながら尋ねた。まるで、どんなに一生懸命に考えた後でも、まだその明白な事実に到達していないかのように。

　「切って、売ったのよ」と、デラは言った。「とにかく、あなたはこれまでどおり、私を好きでいてくれるわよね？ 髪がなくても、私は私でしょう？」

　ジムは物珍しそうに部屋を見回した。

　「髪はなくなったと言うんだね？」彼は、ほとんど呆けた様子で言った。

　「探さなくていいのよ」と、デラは言った。「髪は売ってしまったの、——売られてもうなくなったわ。クリスマス・イブなのよ、あなた。私に優しくしてちょうだい、私の髪はあなたのために使われたのだから。たぶん、私の髪の毛は（神様に）数えられたでしょう」彼女は、突然真剣に優しく続けた。「でも、あなたへの私の愛は、誰にも数えることはできないわ。肉を準備しましょうか、ジム？」

　ジムは、催眠状態から急に目が覚めたようだった。彼は、デラを抱きしめた。10秒間ほど、私たちは（彼らを）じろじろ見るのは控えて、反対側にある取るに足らないものでも眺めるとしよう。週に8ドルか、年に100万ドルか——その差はなんだろうか？ 数学者や才人でも、あなたに間違った答えを与えるだろう。東方の三博士（賢者たち）は貴重な贈り物を持って来たが、答えはその中にもなかった。このわかりにくい断言は、後で明らかに

なるだろう。

　ジムはコートのポケットから包みを引っ張り出し、テーブルに投げ置いた。

　「誤解しないでくれ、デラ」と、彼は言った。「ぼくのことを。髪を切ろうが、剃ろうが、シャンプーしようが、そんなことできみを愛する気持ちは減ったりなんかしないさ。でも、その包みを開ければ、どうしてきみがぼくを最初しばらくそう（＝呆然と）させてしまったのかわかると思う」

単語リスト　＜４日目＞

immovable	動かない、静止した	idiocy	白痴
setter	セッター（犬）	number	数える
scent	匂い	sweetness	優しさ
quail	ウズラ	trance	催眠状態
fix upon	～にじっと向けられる	enfold	抱く
expression	表情	regard ... with	～を持って…を見る
terrify	怖れさせる	discreet	慎重な
disapproval	非難	scrutiny	じろじろ見ること
sentiment	感情	inconsequential	取るに足らない
fixedly	じっと	difference	（数・量の）差
peculiar	妙な	mathematician	数学者
wriggle	身をよじる	wit	才人
live through	生き延びる	magi	東方の三博士
awfully	とても	dark	意味があいまいな
laboriously	苦心して	assertion	断言
patent	明白な	illuminate	明らかにする
anyhow	とにかく	draw from	～から引き抜く
ain't	am not の縮約形	shave	ひげを剃ること
look about	見回す	unwrap	開ける
curiously	物珍しそうに		

学習記録　＜４日目＞

日付	ワード数	ステップ 1 （ 普通読み ）		ステップ 3 （ 速読 1 回目 ）		ステップ 4 （ 速読 2 回目 ）		ステップ 5 （ 速読 3 回目 ）	
／	416	分　秒 （　　秒）		分　秒 （　　秒）		分　秒 （　　秒）		分　秒 （　　秒）	
		WPM		WPM		WPM		WPM	
振り返り									

WPM の計算方法：WPM ＝ワード数 ÷ リーディングタイム（秒）× 60

英文 ＜5日目＞ 423 ワード

White fingers and nimble tore at the string and paper. And then an ecstatic scream of joy; and then, alas! a quick feminine change to hysterical tears and wails, necessitating the immediate employment of all the comforting powers of the lord of the flat.

For there lay The Combs—the set of combs, side and back, that Della had worshipped long in a Broadway window. Beautiful combs, pure tortoise shell, with jewelled rims—just the shade to wear in the beautiful vanished hair. They were expensive combs, she knew, and her heart had simply craved and yearned over them without the least hope of possession. And now, they were hers, but the tresses that should have adorned the coveted adornments were gone.

But she hugged them to her bosom, and at length she was able to look up with dim eyes and a smile and say: "My hair grows so fast, Jim!"

And then Della leaped up like a little singed cat and cried, "Oh, oh!"

Jim had not yet seen his beautiful present. She held it out to him eagerly upon her open palm. The dull precious metal seemed to flash with a reflection of her bright and ardent spirit.

"Isn't it a dandy, Jim? I hunted all over town to find it. You'll have to look at the time a hundred times a day now. Give me your watch. I want to see how it looks on it."

Instead of obeying, Jim tumbled down on the couch and put his hands under the back of his head and smiled.

"Dell," said he, "let's put our Christmas presents away and keep 'em a while. They're too nice to use just at present. I sold the watch to get the money to buy your combs. And now suppose you put the chops on."

The magi, as you know, were wise men—wonderfully wise men—who brought gifts to the Babe in the manger. They invented the art of giving Christmas presents. Being wise, their gifts were no doubt wise ones, possibly bearing the privilege of exchange in case of duplication. And here I have lamely related to you the uneventful chronicle of two foolish children in a flat who most unwisely sacrificed for each other the greatest treasures of their house. But in a last word to the wise of these days let it be said that of all who give gifts these two were the wisest. Of all who give and receive gifts, such as they are wisest. Everywhere they are wisest. They are the magi.

　白い指が、素早く紐と紙を破った。そして、我を忘れたような喜びの悲鳴。それから、悲しいかな！ ヒステリックな涙と泣き声へと、女性らしい急激な変化。これらは、このアパートの主（＝ジム）が（彼女を）慰めるためのあらゆる力を使うという大至急の仕事を要した。

　そこにあったのは、あの一対の櫛だった —— 髪の横側と後ろ側に挿すセットの櫛で、それは、ブロードウェイのショーウィンドウにあるのを、デラがずっと憧れていたものだった。本物のべっ甲でできていて、宝石で縁を飾られた美しい櫛 —— 今はなくなってしまった美しい髪につけるのにぴったりの色合いだった。それが高価な櫛であることは彼女も知っていた。だから、彼女の心は、欲しいとただ切望し憧れるだけで、手に入れるという望みは少しも抱いていなかった。そして今、それは彼女のものとなったが、その切望していた装飾品を飾るべき髪がなくなってしまった。

　それでも、デラはその櫛を胸に抱きしめ、ついに、（涙でうるんで）ぼんやりした目と笑顔で顔を上げると、こう言えるようになった。「私の髪はとても早く伸びるわ、ジム！」

　それから、デラは毛を焦がした小さい猫のように跳ね上がり、「ああ、そうだわ！」と叫んだ。

　ジムはまだ、彼の美しいプレゼントを見ていなかった。彼女はそれを開いた手のひらに乗せて、はやる思いで彼に差し出した。その鈍い貴金属は、彼女の輝く燃えるような心を反映して、光を放ったように見えた。

　「素敵でしょう、ジム？ それを見つけるのに町中を探し回ったのよ。これであなたは、1日に100回は時間を見たくなるわ。時計を貸してちょうだい。つけたらどんな風か見てみたいわ」

　ジムは従う代わりに、どさっとソファに座り込むと、両手を頭の後ろで組んで、微笑んだ。

　「デラ」と、彼は言った。「クリスマスプレゼントは片付けて、しばらくそのままにしておこう。あまりにも素敵で今すぐには使えなさそうだから。ぼくは、きみの櫛を買うのに、時計を売ってお金にしたんだ。さて、肉を用意してくれるかな」

　ご存知のように、東方の三博士は賢い人たちだった —— 素晴らしく賢明な人たちで、飼い葉桶の中の赤ん坊に贈り物を持ってきた ——。彼らが、クリスマスプレゼントを渡すという習慣を創ったのだ。賢い人たちだったから、その贈り物も間違いなく賢明なもの

であり、おそらく（プレゼントが）重複した場合には交換できる特権も付いていただろう。私はここに、家にある最も素晴らしい宝物を、お互いのために最も賢くないやり方で犠牲にした、愚かで幼稚な二人の平凡な物語を、拙くもお話ししてきた。しかし、今日の賢い人たちに向けて最後にひとこと言わせていただきたい。贈り物をする全ての人たちのなかで、この二人が最も賢かった、と。贈り物を渡したり受け取ったりする全ての人たちのなかで、この二人のような人たちが最も賢いのだ。いかなる場所においても、この二人が最も賢い。彼らこそ賢者である。

nimble	素早い	possession	所有
tear	（布などを）引き裂く	tress	ふさふさした髪
string	ひも	adorn	飾る
ecstatic	夢中の、我を忘れた	covet	切望する
alas	悲しいかな！	adornment	装飾品
hysterical	ヒステリックな	bosom	胸
wail	泣き叫ぶ声	at length	ついに、ようやく
necessitate	必要とする	dim	ぼんやりした
immediate	即座の	leap up	跳ね上がる
employment	仕事	singe	焦がす
comfort	慰める	hold out	差し出す
lord	主人	eagerly	熱心に
comb	櫛	palm	手のひら
worship	崇拝する	dull	鈍い
tortoise shell	べっ甲	precious metal	貴金属
jewel	宝石で飾る	flash	（光が）ひらめく
rim	縁	reflection	（状況などの）反映
shade	色合い	ardent	燃えるような
vanish	なくなる	spirit	心
crave	しきりに欲しがる	dandy	すてきな、一流の
yearn	慕う、あこがれる	hunt	探し回る

obey	従う	bear	〜を負う
tumble down	倒れる、崩れ落ちる	**privilege**	特権、特典
put away	片づける	**duplication**	重複
'em	them の省略形	**lamely**	不十分に
at present	今は	**relate**	〜を話す、物語る
suppose	〜してはどうだろう	**uneventful**	事件のない、平凡な
put on	（食事の）用意をする	**chronicle**	年代記、物語
babe	赤ん坊	**sacrifice**	〜を犠牲にする
manger	飼い葉桶		

 学習記録　＜5日目＞

日付	ワード数	ステップ1 （普通読み）	ステップ3 （速読1回目）	ステップ4 （速読2回目）	ステップ5 （速読3回目）
／	423	分　　秒 （　　　秒） WPM	分　　秒 （　　　秒） WPM	分　　秒 （　　　秒） WPM	分　　秒 （　　　秒） WPM
振り返り					

WPM の計算方法：WPM ＝ワード数 ÷ リーディングタイム（秒）× 60

DAY 06 警官と賛美歌 (1)
THE COP AND THE ANTHEM

 英文 ＜6日目＞ 440 ワード

On his bench in Madison Square Soapy moved uneasily. When wild geese honk high of nights, and when women without sealskin coats grow kind to their husbands, and when Soapy moves uneasily on his bench in the park, you may know that winter is near at hand.

A dead leaf fell in Soapy's lap. That was Jack Frost's card. Jack is kind to the regular denizens of Madison Square, and gives fair warning of his annual call. At the corners of four streets he hands his pasteboard to the North Wind, footman of the mansion of All Outdoors, so that the inhabitants thereof may make ready.

Soapy's mind became cognisant of the fact that the time had come for him to resolve himself into a singular Committee of Ways and Means to provide against the coming rigour. And therefore he moved uneasily on his bench.

The hibernatorial ambitions of Soapy were not of the highest. In them there were no considerations of Mediterranean cruises, of soporific Southern skies drifting in the Vesuvian Bay. Three months on the Island was what his soul craved. Three months of assured board and bed and congenial company, safe from Boreas and bluecoats, seemed to Soapy the essence of things desirable.

For years the hospitable Blackwell's had been his winter quarters. Just as his more fortunate fellow New Yorkers had bought their tickets to Palm Beach and the Riviera each winter, so Soapy had made his humble arrangements for his annual hegira to the Island. And now the time was come. On the previous night three Sabbath newspapers, distributed beneath his coat, about his ankles and over his lap, had failed to repulse the cold as he slept on his bench near the spurting fountain in the ancient square. So the Island loomed big and timely in Soapy's mind. He scorned the provisions made in the name of charity for the city's dependents. In Soapy's opinion the Law was more benign than Philanthropy.

There was an endless round of institutions, municipal and eleemosynary, on which he might set out and receive lodging and food accordant with the simple life. But to one of Soapy's proud spirit the gifts of charity are encumbered. If not in coin you must pay in humiliation of spirit for every benefit received at the hands of philanthropy. As Caesar had his Brutus, every bed of charity must have its toll of a bath, every loaf of bread its compensation of a private and personal inquisition. Wherefore it is better to be a guest of the law, which though conducted by rules, does not meddle unduly with a gentleman's private affairs.

　マディソン・スクエアのいつものベンチで、ソーピーは不安そうに体を動かしていた。野生の雁が夜に高く鳴き、あざらしの毛皮のコートを持っていない女性たちが夫に次第に優しくなり、ソーピーがベンチで不安げに体を動かすようになると、冬はもうすぐ近くまで来ているということである。

　枯葉が１枚、ソーピーの膝の上に落ちた。それは、ジャック・フロスト（＝冬将軍）の名刺だった。ジャックは、マディソン・スクエアの住民に対して親切で、毎年ここを訪れる際にきちんと警告をしてくれるのだ。４本の通りのそれぞれの角で、彼は「野外そのもの大邸宅」の来客案内人である「北風」に対し名刺を手渡すので、そこの住人たちは冬の支度ができるのである。

　ソーピーの心は、その時が ――「来たる冬の寒さの厳しさに備える方法と手段委員会」の唯一の委員になる時がやってきたことを実感し始めていた。そういうわけで、彼はいつものベンチで心配そうに体を動かしていたのだ。

　ソーピーの越冬の野望は、それほど大きくはなかった。地中海でクルーズをすることも、ヴェスヴィオ湾に漂ったり、南の空の下で惰眠をむさぼったりすることも考えていなかった。彼の心が切望するのは、「島」での３ヶ月間だった。食事とベッド、それから気の合う仲間が保証されていて、北風からも警官からも逃れられる安全な３ヶ月間―― それらがソーピーの望む要素だったのだ。

　ここ数年の間は、もてなしのよいブラックウェルズ島が、ソーピーの冬の居住区になっていた。ソーピーよりも幸運なニューヨーカーたちが、ちょうど毎冬にパーム・ビーチやリヴィエラへのチケットを買うように、ソーピーは、年に一度の「島」への移住のための質素な準備に取り掛かるのだった。そして、今年もその時期がやってきた。前の晩の安息日（日曜日）の新聞三紙を、それぞれコートの下、足首の周り、膝の上に分けて身に着けたが、古くからある公園の、吹き出す噴水の近くのベンチで寝ている間の寒さは撃退できなかった。そういうわけで、この「島」が、ソーピーの心の中に折よく、そして大きく浮かび上がってきたのである。市に頼って生活している人たちのための、慈善という名の（食事などの）支給を、ソーピーは軽蔑していた。彼の考えでは、法律のほうが慈善行為よりもはるかに恵み深かった。質素な生活に見合った食事を出してくれたり、宿や食べ物を受け取ることができる、市営や慈善団体が運営するそうした施設は相当数無限のようにある。しかし、

ソーピーのような誇り高き精神を持つ人にとっては、慈善的な贈り物は煩わしいのだ。慈善行為という援助の手である給付を受け取るごとに、たとえコインは支払わずとも、精神的な屈辱を支払わなければならない。カエサルと言えばブルータスというように、慈善のベッドにはその都度入浴という対価が付いてくるし、一斤のパンには個人的な事柄についての取り調べという代償が付いてくる。そうした理由から、法律の客人になるほうがましなのである。法律は、さまざまな規則に指揮されるものの、紳士の個人的な事柄にまで不当に介入してくることはないのだから。

Madison Square	マディソン・スクエア	rigour	厳しさ
uneasily	不安そうに	hibernatorial	「冬眠」の形容詞（造語）
goose	雁（がん）	consideration	検討
honk	鳴く	Mediterranean	地中海の
sealskin	あざらしの毛皮	soporific	眠くさせる
grow	～になる	drift	漂流する
at hand	近い将来に	Vesuvian Bay	ヴェスヴィオ湾
lap	膝	crave	しきりに欲しがる
Jack Frost	ジャック・フロスト	board	食事
card	名刺	congenial	気性の合った
denizen	《文語》住民	Boreas	北風
pasteboard	名刺	bluecoat	警察官
footman	召使い	hospitable	もてなしのよい
mansion	大邸宅	Blackwell's	ブラックウェルズ島
all	全く…そのもので	quarter	（都市の）地区
inhabitant	住人	Palm Beach	パーム・ビーチ
thereof	《文語》それの	Riviera	リヴィエラ
cognisant	実感を持つ	humble	粗末な、質素な
resolve oneself into	～に変ずる、なる	hegira	ヒジュラ（移住）
singular	唯一の	sabbath	安息日
provide against	～に備える	spurt	噴出する

loom	ぼんやりと現われる	accordant with	〜と一致した
scorn	軽蔑する	proud	自尊心のある
provision	供給、支給	encumber	煩わしくする
dependent	他人に頼って生活する人	humiliation	屈辱
benign	恵み深い	Caesar	カエサル、シーザー
Philanthropy	慈善行為	Brutus	ブルータス
round	相当な数の	toll	犠牲、代価
institution	公共施設	compensation	代償
municipal	市営の	inquisition	取り調べ
eleemosynary	慈善の	wherefore	その理由で
set out	（食物などを）出す	meddle with	〜に介入する
lodging	宿	unduly	不当に

 学習記録　＜ 6 日目＞

日付	ワード数	ステップ 1 （普通読み）	ステップ 3 （速読 1 回目）	ステップ 4 （速読 2 回目）	ステップ 5 （速読 3 回目）
/	440	分　　秒 （　　　秒）	分　　秒 （　　　秒）	分　　秒 （　　　秒）	分　　秒 （　　　秒）
		WPM	WPM	WPM	WPM
振り返り					

WPM の計算方法：WPM ＝ワード数 ÷ リーディングタイム（秒）× 60

英文 ＜７日目＞　479 ワード

Soapy, having decided to go to the Island, at once set about accomplishing his desire. There were many easy ways of doing this. The pleasantest was to dine luxuriously at some expensive restaurant; and then, after declaring insolvency, be handed over quietly and without uproar to a policeman. An accommodating magistrate would do the rest.

Soapy left his bench and strolled out of the square and across the level sea of asphalt, where Broadway and Fifth Avenue flow together. Up Broadway he turned, and halted at a glittering café, where are gathered together nightly the choicest products of the grape, the silkworm and the protoplasm.

Soapy had confidence in himself from the lowest button of his vest upward. He was shaven, and his coat was decent and his neat black, ready-tied four-in-hand had been presented to him by a lady missionary on Thanksgiving Day. If he could reach a table in the restaurant unsuspected success would be his. The portion of him that would show above the table would raise no doubt in the waiter's mind. A roasted mallard duck, thought Soapy, would be about the thing—with a bottle of Chablis, and then Camembert, a demi-tasse and a cigar. One dollar for the cigar would be enough. The total would not be so high as to call forth any supreme manifestation of revenge from the café management; and yet the meat would leave him filled and happy for the journey to his winter refuge.

But as Soapy set foot inside the restaurant door the head waiter's eye fell upon his frayed trousers and decadent shoes. Strong and ready hands turned him about and conveyed him in silence and haste to the sidewalk and averted the ignoble fate of the menaced mallard.

Soapy turned off Broadway. It seemed that his route to the coveted island was not to be an epicurean one. Some other way of entering limbo must be thought of.

At a corner of Sixth Avenue electric lights and cunningly displayed wares behind plate-glass made a shop window conspicuous. Soapy took a cobblestone and dashed it through the glass. People came running around the corner, a policeman in the lead. Soapy stood still, with his hands in his pockets, and smiled at the sight of brass buttons.

"Where's the man that done that?" inquired the officer excitedly.

"Don't you figure out that I might have had something to do with it?" said Soapy, not without sarcasm, but friendly, as one greets good fortune.

The policeman's mind refused to accept Soapy even as a clue. Men who smash windows do not remain to parley with the law's minions. They take to their heels. The policeman saw a man half way down the block running to catch a car. With drawn club he joined in the pursuit. Soapy, with disgust in his heart, loafed along, twice unsuccessful.

　ソーピーは、「島」に行く決意をすると、早速その望みを果たすべく着手した。それを行うには簡単な方法がいくつもあった。最も気持ちのよい方法は、どこか高級なレストランで豪華に食事をすること。その後、支払い不能であることを宣言し、騒ぎを起こすことなくおとなしく警察に引き渡されるのだ。残りは、融通の利く裁判官がうまくやってくれるだろう。

　ソーピーはベンチを去り、ぶらぶらと公園の外へ出ると、ブロードウェイの通りと五番街が合流する、アスファルトの平らな海を渡った。ブロードウェイの通りを北に曲がり、一軒のきらびやかな料理店で立ち止まった。そこは、極上の葡萄（＝ワイン）、蚕（＝シルクの布地）、細胞（＝人々）が、毎晩集う場所だった。

　ソーピーは、自分自身について、ベストの一番下のボタンから上には自信があった。ひげは剃ってあるし、上着はきちんとしているし、こぎれいな黒いネクタイもしていた。これは、感謝祭の日に伝道師の女性にプレゼントされたものだった。疑われることなくこの料理店の席に着くことができれば、成功は彼のものだ。テーブルから上に出ている部分については、ウェイターの心に不信感を生じさせることはないだろう。ソーピーは考えた。（注文するのは）真鴨のローストが大体おあつらえ向きだろう——あとは辛口の白ワインを１本とカマンベールチーズ、それから小さなカップでいただくコーヒーに、葉巻を１本。この葉巻は１ドルくらいのもので十分だろう。この合計金額なら、料理店の経営陣による極度な報復表明を生じさせるほど高い額でもないはずだ。とはいえ、この食事はソーピーのお腹を満たし、冬の避難所への旅に向けて幸せな気持ちにしてくれるだろう。

　しかし、ソーピーが料理店のドアに足を踏み入れた途端、ウェイター長の眼がソーピーのぼろぼろになったズボンと退廃的な靴に向けられた。（ウェイター長の）力強く迅速な両手は、ソーピーをくるりと回れ右させると、無言のうちに素早く歩道へと運び、真鴨の不名誉な運命を回避したのである。

　ソーピーはブロードウェイの通りをそれた。切望する「島」への道のりは、食道楽の道ではなかったようである。刑務所送りになるためには、何か別の方法を考えなければならないということだ。

　六番街の角に来ると、一軒の店のショーウィンドウが、電飾と、板ガラスの奥で（人々が欲しくなるように）抜け目なく陳列された商品によって人目を惹いていた。ソーピーは

　道端の小石を拾うと、その板ガラスに向かって投げつけた。人々が、警官を先頭に、この通りの角に駆けつけた。ソーピーは、両手をポケットに突っ込んだまま、じっと立って、（警官の制服の）真鍮のボタンのあるところを見て笑みを浮かべた。

　「あれをやったやつはどこだ？」警官は興奮気味に尋ねた。

　「おれが関与してそうだとは思いませんかね？」皮肉交じりに、でも良き幸運を目にした者のように親しみを込めて、ソーピーはそう言った。

　警官の心は、手がかりとしてすら、ソーピーを受け入れることを拒んだ。ショーウィンドウの板ガラスを割ったやつは、その場に居残って法の手先（である警官）と話し合ったりなどしない。彼らは一目散に逃げるものだ。警官は、路面電車をつかまえるために半ブロックほど先を走っていく男を見た。彼は警棒を引き抜くと、その男の追跡に加わってしまった。ソーピーは、うんざりしながらぶらぶらと歩き出した。二度も失敗してしまった。

単語リスト　＜７日目＞

set about	着手する	portion	一部、部分
dine	食事をする	mallard duck	真鴨
luxuriously	豪華に、贅沢に	about	ほとんど、ほぼ
insolvency	支払い不能	the thing	おあつらえ向きのもの
hand over	引き渡す	Chablis	辛口白ワイン
uproar	騒ぎ	Camembert	カマンベールチーズ
accommodating	親切な、融通の利く	demi-tasse	小さなカップ
magistrate	裁判官	call forth	生じさせる
stroll	ぶらつく、散歩する	supreme	極度の
level	平らな	manifestation	明示、表明
flow together	（川が）合流する	meat	《古語》食事
up	北のほうへ	refuge	避難所
halt	立ち止まる	fray	使ってぼろぼろにする
glittering	きらびやかな	decadent	退廃的な
nightly	毎晩の	ready	手早い、迅速な
choicest	極上の	haste	急ぎ
silkworm	かいこ 蚕	avert	避ける、防ぐ
protoplasm	原形質	ignoble	不名誉な
four-in-hand	ネクタイ	fate	運命
missionary	伝道師	turn off	（道から）それる
unsuspect	疑われていない	covet	切望する

epicurean	食道楽の	greet	目や耳に入る
limbo	《古語》刑務所	smash	打ち壊す、割る
cunningly	ちゃっかり、狡猾に	remain	後に残る
ware	品物	parley	談判する
plate-glass	板ガラスの	minion	手先、子分
conspicuous	人目につく、目立った	take to one's heels	一目散に逃げ出す
cobblestone	小さな丸石	draw	引き抜く
dash	投げつける	club	こん棒
lead	先頭	pursuit	追跡
brass	真鍮	disgust	嫌気
figure	思う、考える	loaf	ぶらつく
sarcasm	皮肉		

 学習記録　＜ 7 日目＞

日付	ワード数	ステップ1 （普通読み）	ステップ3 （速読1回目）	ステップ4 （速読2回目）	ステップ5 （速読3回目）
／	479	分　　秒 （　　秒）	分　　秒 （　　秒）	分　　秒 （　　秒）	分　　秒 （　　秒）
		WPM	WPM	WPM	WPM
振り返り					

WPM の計算方法：WPM ＝ワード数 ÷ リーディングタイム（秒）× 60

08 DAY 警官と賛美歌 (3)
THE COP AND THE ANTHEM

 英文 <8日目> 466ワード

On the opposite side of the street was a restaurant of no great pretensions. It catered to large appetites and modest purses. Its crockery and atmosphere were thick; its soup and napery thin. Into this place Soapy took his accusive shoes and telltale trousers without challenge. At a table he sat and consumed beefsteak, flapjacks, doughnuts and pie. And then to the waiter be betrayed the fact that the minutest coin and himself were strangers.

"Now, get busy and call a cop," said Soapy. "And don't keep a gentleman waiting."

"No cop for youse," said the waiter, with a voice like butter cakes and an eye like the cherry in a Manhattan cocktail. "Hey, Con!"

Neatly upon his left ear on the callous pavement two waiters pitched Soapy. He arose, joint by joint, as a carpenter's rule opens, and beat the dust from his clothes. Arrest seemed but a rosy dream. The Island seemed very far away. A policeman who stood before a drug store two doors away laughed and walked down the street.

Five blocks Soapy travelled before his courage permitted him to woo capture again. This time the opportunity presented what he fatuously termed to himself a "cinch." A young woman of a modest and pleasing guise was standing before a show window gazing with sprightly interest at its display of shaving mugs and inkstands, and two yards from the window a large policeman of severe demeanour leaned against a water plug.

It was Soapy's design to assume the role of the despicable and execrated "masher." The refined and elegant appearance of his victim and the contiguity of the conscientious cop encouraged him to believe that he would soon feel the pleasant official clutch upon his arm that would insure his winter quarters on the right little, tight little isle.

Soapy straightened the lady missionary's ready-made tie, dragged his shrinking cuffs into the open, set his hat at a killing cant and sidled toward the young woman. He made eyes at her, was taken with sudden coughs and "hems," smiled, smirked and went brazenly through the impudent and contemptible litany of the "masher." With half an eye Soapy saw that the policeman was watching him fixedly. The young woman moved away a few steps, and again bestowed her absorbed attention upon the shaving mugs. Soapy followed, boldly stepping to her side, raised his hat and said:

"Ah there, Bedelia! Don't you want to come and play in my yard?"

The policeman was still looking. The persecuted young woman had but to beckon a finger and Soapy would be practically en route for his insular haven. Already he imagined he could feel the cozy warmth of the station-house. The young woman faced him and, stretching out a hand, caught Soapy's coat sleeve.

　通りの反対側に、豪華を気取っているわけではないレストランが一軒あった。それは、旺盛な食欲と質素な財布をどちらも満たしてくれるものだった。店の食器類は分厚く、空気もどんよりしているのに、スープの味とテーブルのリネン類は薄っぺらい。ソーピーは、あの難ありの靴と（貧しさを）暴露するズボンで、店の中に難なく入っていった。テーブルに着くと、ビーフステーキとパンケーキ、ドーナツにパイを食べ尽くした。そして、ソーピーはウェイターに事実を打ち明けた。自分と１セントは見知らぬ者同士で縁がないのだ、と。

　「さあ、急いでお巡りを呼んで来いよ」と、ソーピーは言った。「紳士を待たせるんじゃない」

　「おまえのようなやつらには、お巡りなんぞ要らん」ウェイターは、バターケーキ（を口に入れた）ような声と、マンハッタン・カクテルの中のさくらんぼのような眼で言った。「おい、コン！」

　２人のウェイターによってソーピーは放り出され、ご丁寧にも左耳は無慈悲な舗道に乗せられていた。ソーピーは、まるで大工の使う折尺が開くように、関節を１つずつ（伸ばしながら）起き上がると、洋服から埃を払った。逮捕されることは、ばら色の夢のように思われた。「島」は、はるか遠くにあるようだ。２軒先のドラッグストアの前に立っていた警官も、笑って通りを下って行ってしまった。

　５ブロックほど行くと、逮捕されようとする勇気が再び湧いてきた。今回は、浅はかにも「朝飯前」だと言えるほどの機会が訪れたのだ。慎ましくも感じのよい見た目をした若い女性が１人、ある店のショーウィンドウの前に立って、そこに陳列されているひげ剃り用のマグカップやインクスタンドを、非常に好奇心を持って見つめていた。そして、そのショーウィンドウから２ヤードほど先には、厳格そうな物腰の大柄の警官が、消火栓に寄りかかっていたのである。

　ソーピーの計画は、卑劣で忌み嫌われる「女たらし」の役になりきることだった。被害者になる女性は、洗練された優雅な見た目をしているし、すぐそばにいるこの実直そうな警官なら、ソーピーに信じさせてくれるだろう。まもなく彼がソーピーの腕をぐいとつかむことを。それはつまり、あのとてつもなく小さくて狭い「島」に、ソーピーの冬の居住区を保証してくれるということだ。

　ソーピーは、女性伝道師から貰ったネクタイを真っ直ぐにし、尻込みしているカフスを

外に引っ張り出し、帽子を粋な感じで斜めに直すと、体を横にしながら、その若い女性のほうへ歩み寄った。ソーピーは彼女に色目を使い、突然咳払いをしたり「エヘン」といった声を出し、微笑んだり、にやにやしたりと、厚かましくて卑劣な「女たらし」がやるうんざりするようなそれらを、恥ずかしげもなくやってみせた。警官がこちらをじっと見ているのが、ソーピーには一目でわかった。若い女性は、二、三歩離れると、夢中になっていた注意を、再びひげ剃り用のマグカップへと傾けた。ソーピーは追って、大胆にも彼女の横に踏み出すと、帽子を持ち上げて言った。

　「ああ、やあ、ベデリア！ うちの庭にでも来て遊ばないかい？」

　警官はまだこちらを見ていた。困っているこの若い女性が（警官に向かって）指で合図さえすれば、ソーピーは天国の島への道に乗っかったも同然だろう。ソーピーはすでに、警察署の心地よい暖かさを感じられるような気がした。若い女性はソーピーに向き合うと、手を伸ばし、彼の上着の袖をつかんだ。

単語リスト　＜8日目＞

pretension	見せかけ、気取りの	but	全く、本当に
cater to	（要求）を満たす	permit	可能にする
appetite	食欲	woo	求める、得ようとする
modest	質素な、控えめな	capture	逮捕
purse	財布、がま口	fatuously	愚かにも
crockery	食事用食器セット	term	名づける、呼ぶ
thick	分厚い、どんよりした	cinch	容易なこと、朝飯前
napery	食卓用リネン	pleasing	感じのよい
accusive	非難するような	guise	外見、様子
telltale	暴露する	sprightly	活発な
consume	食い尽くす	demeanour	物腰、態度
flapjack	甘いパンケーキ	water plug	消火栓
betray	（秘密を）漏らす	design	計画
minute	微小な	assume	装う
youse	you の複数形	despicable	卑劣な
neatly	巧妙に	execrate	忌み嫌う
callous	冷淡な、無情な	masher	女たらし
pitch	放る	refine	洗練する
joint	関節	contiguity	接近
carpenter's rule	折尺	conscientious	誠実な、実直な
beat	叩き出す	clutch	ぐいとつかむ

insure	保証する	contemptible	卑劣な
right	非常に	litany	繰り返し
drag	引っぱり出す	with half an eye	一目で
shrink	尻込みする、ひるむ	fixedly	しっかりと、じっと
the open	外、明るみ	bestow	傾ける
killing	とてもよい、格好いい	absorbed	夢中になった
cant	傾斜	persecute	困らせる
sidle	体を横にして歩く	beckon	合図する
make eyes at	色目を使う	practically	ほとんど、〜も同然
hem	軽い咳払いの声	en route	〜への途中で
brazenly	恥ずかしげもなく	insular	島の
impudent	厚かましい	station-house	警察署

✎ **学習記録　＜8日目＞**

日付	ワード数	ステップ1 （普通読み）	ステップ3 （速読1回目）	ステップ4 （速読2回目）	ステップ5 （速読3回目）
／	466	分　　秒 （　　秒） WPM	分　　秒 （　　秒） WPM	分　　秒 （　　秒） WPM	分　　秒 （　　秒） WPM
振り返り					

WPM の計算方法：WPM ＝ワード数 ÷ リーディングタイム（秒）× 60

DAY 09 警官と賛美歌 (4)
THE COP AND THE ANTHEM

 英文 ＜9日目＞ 439ワード

"Sure, Mike," she said joyfully, "if you'll blow me to a pail of suds. I'd have spoke to you sooner, but the cop was watching."

With the young woman playing the clinging ivy to his oak Soapy walked past the policeman overcome with gloom. He seemed doomed to liberty.

At the next corner he shook off his companion and ran. He halted in the district where by night are found the lightest streets, hearts, vows and librettos. Women in furs and men in greatcoats moved gaily in the wintry air. A sudden fear seized Soapy that some dreadful enchantment had rendered him immune to arrest. The thought brought a little of panic upon it, and when he came upon another policeman lounging grandly in front of a transplendent theatre he caught at the immediate straw of "disorderly conduct."

On the sidewalk Soapy began to yell drunken gibberish at the top of his harsh voice. He danced, howled, raved and otherwise disturbed the welkin.

The policeman twirled his club, turned his back to Soapy and remarked to a citizen.

"'Tis one of them Yale lads celebratin' the goose egg they give to the Hartford College. Noisy; but no harm. We've instructions to leave them be."

Disconsolate, Soapy ceased his unavailing racket. Would never a policeman lay hands on him? In his fancy the Island seemed an unattainable Arcadia. He buttoned his thin coat against the chilling wind.

In a cigar store he saw a well-dressed man lighting a cigar at a swinging light. His silk umbrella he had set by the door on entering. Soapy stepped inside, secured the umbrella and sauntered off with it slowly. The man at the cigar light followed hastily.

"My umbrella," he said, sternly.

"Oh, is it?" sneered Soapy, adding insult to petit larceny. "Well, why don't you call a policeman? I took it. Your umbrella! Why don't you call a cop? There stands one on the corner."

The umbrella owner slowed his steps. Soapy did likewise, with a presentiment that luck would again run against him. The policeman looked at the two curiously.

"Of course," said the umbrella man—"that is—well, you know how these mistakes occur—I—if it's your umbrella I hope you'll excuse me—I picked it up this morning in a restaurant—If you recognise it as yours, why—I hope you'll—"

"Of course it's mine," said Soapy, viciously.

The ex-umbrella man retreated. The policeman hurried to assist a tall blonde in an opera cloak across the street in front of a street car that was approaching two blocks away.

「いいわよ、マイク」彼女は嬉しそうに言った。「ビールを一杯おごってくれるんなら。むしろ、私から話しかけようと思ったんだけど、警官が見てたでしょ」

オークの木にぴったりくっつくツタのように（ソーピーにくっつく）若い女性を連れて、ソーピーは憂鬱に参りながら警官の前を通り過ぎた。どうやら彼には、自由に生きることが運命づけられているようだ。

次の角に来ると、ソーピーは連れの女性を振り払い、走った。彼が立ち止まったのは、毎晩どこよりも明るくなる通りがあるところで、愛だとか、誓いだとか、オペラのセリフが散見されるエリアだった。冬の外気のなかを、毛皮をまとった女性たちと、厚手のコートを羽織った男性たちが華やかな雰囲気で行き交っていた。突然の不安がソーピーを襲った。何か恐ろしい魔法がかかってしまい、ソーピーは逮捕されないようにされてしまったんじゃないか、と。この考えは軽いパニックを引き起こし、立派な劇場の前を尊大にぶらつく警官に出くわすと、彼はとっさの「治安びん乱行為」という藁(わら)にすがった。

歩道の上で、ソーピーはあらん限りの耳障りな声で、酔っ払いのようにわけのわからないことを叫び出した。そして、踊り回り、泣きわめき、怒鳴り、他にもいろいろ試しては、空をかき乱した。

警官は警棒をくるくる回して、ソーピーに背を向けると、（道行く）人にこう言った。

「エール大学のやつですよ、ハートフォード大学を０点に抑えて（勝ったから）お祝い騒ぎなんです。うるさいけどね、害はないですから。やつらは放っておくように指示されてるんです」

悲嘆にくれて、ソーピーは無駄な騒ぎをやめた。おれを捕まえてくれるお巡りはどこにもいないのか？ 彼の空想の中では、夢の「島」は、手の届かない理想郷のように思われた。ソーピーは、冷たい風に、薄い上着のボタンを閉めた。

ソーピーは、一軒の葉巻屋の中に、立派な服装の男が今流行りの点火器で葉巻に火をつけているのを見つけた。ドアの横に、彼が入るときに立てかけたシルク地の傘があった。ソーピーは店内に入り、その傘を手に入れると、ゆっくりのんびりと外に出た。葉巻に火をつけていた男は、急いで追いかけてきた。

「私の傘なんだが」男は厳格そうに言った。

「おお、そうかい？」ソーピーは、軽い窃盗罪に侮辱行為を付け加えて、あざ笑いなが

らそう言った。「それなら、お巡りを呼んだらどうだ？ おれは盗ったんだぜ、あんたの傘を！ お巡りを呼んだらどうなんだ？ あの角に 1 人立ってるぜ」

　傘の持ち主は歩みを緩めた。ソーピーも同様にしながら、またしても幸運が逃げて行ってしまいそうな嫌な予感がしていた。警官は、2 人のことを物珍しそうに見ていた。

　「えっと、そうだな」傘の持ち主は言った。「その──つまり、こういう間違いは起こるだろう──私は──もしそれがきみの傘ならどうか許してほしい──今朝、あるレストランで拾ったもので──もしきみの傘だっていうなら、どうか──」

　「もちろん、おれの傘だ」ソーピーは、意地悪い感じで言った。

　傘の元持ち主は去って行った。警官は、オペラ用のマントを羽織った背の高いブロンド（の婦人）が、2 ブロック先から近づいてくる市街電車の前の通りを渡るのを助けに急いで行ってしまった。

blow...to	～に…をおごる	immune	免れて
pail	バケツ	come upon	出くわす
suds	ビール	lounge	ぶらぶらする
sooner	いっそ、むしろ	grandly	尊大に
cling to	ぴったりくっつく	transplendent	輝く、傑出した
oak	オークの木	disorderly conduct	治安びん乱行為
overcome	〔受け身〕弱らせる	gibberish	わけのわからない話
gloom	憂鬱	harsh	耳（目）障りな
doom to	〔受け身〕運命づける	howl	わめく、怒号する
shake	振り払う	rave	怒鳴る、わめく
companion	連れ	disturb	かき乱す
heart	愛情	welkin	空、天
vow	誓い	twirl	くるくる回す
libretto	オペラの歌詞	remark	～だと言う
greatcoat	厚地の大きな外套	tis	it is の短縮形
gaily	派手に、華やかに	Yale	エール大学
wintry	冬らしい	lad	男
seize	（急に）襲う	goose egg	（競技の）零点
dreadful	恐ろしい	harm	危害
enchantment	魔法をかけること	disconsolate	悲嘆にくれて
render	～にする	unavailing	効果のない

racket	騒ぎ	insult	侮辱行為
lay one's hand on	捕える	petit larceny	こそ泥、軽窃盗罪
fancy	空想	likewise	同様に
unattainable	達成不可能な	presentiment	予感
Arcadia	アルカディア	curiously	物珍しそうに
chill	身にしみる寒さ	of course	そうか！
swinging	時流に乗った	how	〜ということ
secure	手に入れる	occur	起こる
saunter	のんびり歩く	viciously	意地悪く
hastily	急いで	retreat	去る
sternly	厳格に	cloak	マント
sneer	せせら笑いながら言う	street car	市外電車

学習記録　＜ 9 日目＞

日付	ワード数	ステップ 1（普通読み）	ステップ 3（速読 1 回目）	ステップ 4（速読 2 回目）	ステップ 5（速読 3 回目）
／	439	分　秒（　　秒）	分　秒（　　秒）	分　秒（　　秒）	分　秒（　　秒）
		WPM	WPM	WPM	WPM
振り返り					

WPM の計算方法：WPM ＝ワード数 ÷ リーディングタイム（秒）× 60

129

Soapy walked eastward through a street damaged by improvements. He hurled the umbrella wrathfully into an excavation. He muttered against the men who wear helmets and carry clubs. Because he wanted to fall into their clutches, they seemed to regard him as a king who could do no wrong.

At length Soapy reached one of the avenues to the east where the glitter and turmoil was but faint. He set his face down this toward Madison Square, for the homing instinct survives even when the home is a park bench.

But on an unusually quiet corner Soapy came to a standstill. Here was an old church, quaint and rambling and gabled. Through one violet-stained window a soft light glowed, where, no doubt, the organist loitered over the keys, making sure of his mastery of the coming Sabbath anthem. For there drifted out to Soapy's ears sweet music that caught and held him transfixed against the convolutions of the iron fence.

The moon was above, lustrous and serene; vehicles and pedestrians were few; sparrows twittered sleepily in the eaves—for a little while the scene might have been a country churchyard. And the anthem that the organist played cemented Soapy to the iron fence, for he had known it well in the days when his life contained such things as mothers and roses and ambitions and friends and immaculate thoughts and collars.

The conjunction of Soapy's receptive state of mind and the influences about the old church wrought a sudden and wonderful change in his soul. He viewed with swift horror the pit into which he had tumbled, the degraded days, unworthy desires, dead hopes, wrecked faculties and base motives that made up his existence.

And also in a moment his heart responded thrillingly to this novel mood. An instantaneous and strong impulse moved him to battle with his desperate fate. He would pull himself out of the mire; he would make a man of himself again; he would conquer the evil that had taken possession of him. There was time; he was comparatively young yet; he would resurrect his old eager ambitions and pursue them without faltering. Those solemn but sweet organ notes had set up a revolution in him. Tomorrow he would go into the roaring downtown district and find work. A fur importer had once offered him a place as driver. He would find him tomorrow and ask for the position. He would be somebody in the world. He would—

Soapy felt a hand laid on his arm. He looked quickly around into the broad face of a policeman.

"What are you doin' here?" asked the officer.

"Nothin'," said Soapy.

"Then come along," said the policeman.

"Three months on the Island," said the Magistrate in the Police Court the next morning.

　ソーピーは、東に向かって、道路工事でぼこぼこになった通りを歩き出した。怒りに任せて、傘を（工事の）穴に投げ入れた。ヘルメットを被って警棒を携帯している男たちに対して、ぶつぶつと不平を言った。おれが自らお巡りたちの手にかかりたいと思ってるから、やつらはおれを何をやっても許される王様みたいに扱いやがるんだ。

　ようやく、東へと延びる大通りの一本に出た。街のきらびやかさや騒がしさは、もうかすかになっていた。ソーピーは、マディソン・スクエアの方向に向き直った。帰巣本能というのは、たとえ家が公園のベンチだったとしても残存するものなのだ。

　ところが、やけに静まりかえった角に来て、ソーピーは立ち止まった。そこには、古く趣深い、均整のとれていない破風造りの教会があった。すみれ色のステンドグラスの窓から、一筋の柔らかい光が差していた。そこではおそらく、来たる安息日（日曜日）の賛美歌の演奏を成功させるために、オルガン奏者が鍵盤の上で（指を）行ったり来たりさせているのだろう。ソーピーの耳へと漂ってきた甘美な音色は、彼の心を捕え、渦巻き状の鉄柵の前で釘付けにさせてしまった。

　月は高く、輝いていた。乗り物も歩行者も見当たらず、スズメは軒先で眠そうにさえずっている——少しの間、その光景はまるで、田舎の教会の中庭にいるようだった。そして、オルガン奏者の弾く賛美歌は、ソーピーを鉄柵にすっかり固定してしまった。彼がその曲を、かつての日々のなかで——彼の生活に、母親やばらの花、野心や友人、無垢な考えや襟（のある服）が存在していた日々のなかで耳にして、よく知っている曲だったからだ。

　感極まったソーピーの心の状態と、古い教会が人の感情に働きかける影響力が重なって、彼の魂に突然の驚くべき変化が生まれた。ソーピーは、つかの間の恐怖を感じながら、自分が転落してしまった穴について思いを巡らせた。今の自分という存在をつくりあげている堕落した日々、下劣な願望、枯れ果てた希望、挫折したままの能力、さもしい目的について。

　そして瞬間的に、ソーピーの心は、この新しい気持ちに対してわくわくするように反応した。瞬間的で強い衝動が、この絶望的な運命と戦おうという気にさせた。おれはこの泥沼から這い出せる、また一人前の男になれる、自分に取りついた悪い部分に打ち勝つことができる。時間はある、おれはまだ比較的若い。昔の熱い野心を復活させて、ためらうことなくそれを追い求めるんだ。この厳粛で甘美なオルガンの調べが、ソーピーの心

に革命を起こしたのである。明日になったら、活気ある商業地区に行って仕事を探そう。以前、ある毛皮の輸入業者が、ドライバーの職を紹介してくれたことがあったな。明日になったらその人を探して、その職に就けないか訊いてみよう。おれは、別の人間に生まれ変わるんだ。おれは——

　ソーピーは、自分の腕に手が置かれるのを感じた。素早くふり返ると、警官の大きな顔が飛び込んできた。

「ここで何をしている?」警官が尋ねた。

「何も」ソーピーは答えた。

「それなら一緒に来てもらおうか」警官はそう言った。

「禁錮 3 ヶ月だ」翌朝、警察裁判所の裁判官はそう言い渡した。

単語リスト　＜10日目＞

improvement	改修（工事）	transfix	釘付けにする
hurl	強く投げつける	convolution	回旋、渦巻き
wrathfully	憤って	lustrous	光沢のある
excavation	掘削（した穴）	serene	晴朗な
mutter	ぶつぶつ不平を言う	pedestrian	歩行者
clutchs	〔複数形で〕手中	eave	軒、ひさし
at length	ようやく	churchyard	（教会の）中庭
glitter	きらびやかさ	cement	固める、固定する
turmoil	騒ぎ	contain	～を含む
faint	かすかな	immaculate	無垢の
homing instinct	帰巣本能	conjunction	同時発生
survive	残存する	receptive	感受性の強い
come to a standstill	動かなくなる	state	状態、様子
quaint	古風で趣のある	wrought	=worked 働きかける
rambling	不均整な	swift	つかの間の
gabled	破風造りの	pit	穴
violet	すみれ、すみれ色	tumble	転落する
glow	光を放つ	degrade	品位を下げる
loiter	当てもなくぶらつく	unworthy	価値のない、下劣な
mastery	熟達、精通	wreck	破滅、挫折
anthem	賛美歌	faculty	能力、才能

base	卑しい、さもしい	possession	悪魔が取りつくこと
motive	動機、目的	comparatively	比較的
existence	存在	resurrect	復活させる
thrillingly	わくわくするほどに	eager	〜を熱望して
novel	新しい	falter	ためらう
mood	気持ち	solemn	厳粛な
instantaneous	瞬間の	note	（楽器の）音、音色
move...to	…を〜する気にさせる	roaring	活発な
desperate	絶望的な	downtown	商業地区の
mire	泥沼	place	職、勤め口
make a man of	一人前の男に仕立てる	broad	幅の広い
conquer	打破する	Police Court	警察裁判所

✏️ **学習記録　< 10 日目>**

日付	ワード数	ステップ 1 （普通読み）	ステップ 3 （速読 1 回目）	ステップ 4 （速読 2 回目）	ステップ 5 （速読 3 回目）
／	467	分　　秒 （　　秒）	分　　秒 （　　秒）	分　　秒 （　　秒）	分　　秒 （　　秒）
		WPM	WPM	WPM	WPM
振り返り					

WPM の計算方法：WPM ＝ワード数 ÷ リーディングタイム（秒）× 60

11 伯爵と婚礼の客 (1)
THE COUNT AND THE WEDDING GUEST

 英文 ＜11日目＞ 370 ワード

One evening when Andy Donovan went to dinner at his Second Avenue boarding-house, Mrs. Scott introduced him to a new boarder, a young lady, Miss Conway. Miss Conway was small and unobtrusive. She wore a plain, snuffy-brown dress, and bestowed her interest, which seemed languid, upon her plate. She lifted her diffident eyelids and shot one perspicuous, judicial glance at Mr. Donovan, politely murmured his name, and returned to her mutton. Mr. Donovan bowed with the grace and beaming smile that were rapidly winning for him social, business and political advancement, and erased the snuffy-brown one from the tablets of his consideration.

Two weeks later Andy was sitting on the front steps enjoying his cigar. There was a soft rustle behind and above him, and Andy turned his head—and had his head turned.

Just coming out the door was Miss Conway. She wore a night-black dress of crêpe de—crêpe de—oh, this thin black goods. Her hat was black, and from it drooped and fluttered an ebon veil, filmy as a spider's web. She stood on the top step and drew on black silk gloves. Not a speck of white or a spot of color about her dress anywhere. Her rich golden hair was drawn, with scarcely a ripple, into a shining, smooth knot low on her neck. Her face was plain rather than pretty, but it was now illuminated and made almost beautiful by her large gray eyes that gazed above the houses across the street into the sky with an expression of the most appealing sadness and melancholy.

Gather the idea, girls—all black, you know, with the preference for crêpe de—oh, crêpe de Chine—that's it. All black, and that sad, faraway look, and the hair shining under the black veil (you have to be a blonde, of course), and try to look as if, although your young life had been blighted just as it was about to give a

136

hop-skip-and-a-jump over the threshold of life, a walk in the park might do you good, and be sure to happen out the door at the right moment, and—oh, it'll fetch 'em every time. But it's fierce, now, how cynical I am, ain't it?—to talk about mourning costumes this way.

　ある晩、アンディ・ドノヴァンが二番街にある下宿先で夕食の席に行くと、（女主人の）スコット夫人が、新しい下宿人である若い女性、ミス・コンウェイを彼に紹介した。ミス・コンウェイは小柄で地味だった。彼女は、無地の薄汚れた茶色のドレスを着ていて、気だるそうに、自身の関心を皿に傾けていた。彼女は遠慮がちなまぶたを持ち上げると、明晰で判断力のある目でドノヴァン氏に一瞥を投げかけ、礼儀正しく彼の名前をつぶやくと、（視線を）羊肉に戻した。ドノヴァン氏は、社会的にも、事業的にも、政治的にも急速に彼を出世させている、優雅かつ光輝やく笑顔で会釈すると、考慮すべき事柄のリストから、この薄汚れた茶色（の娘の存在）を消去した。

　2週間後、アンディは正面玄関の階段に腰かけ、葉巻を楽しんでいた。彼の背後、頭上のほうで、布が柔らかくさらさらと音を立てたので、アンディが振り向くと —— 彼の首は振り向いたままになってしまった。

　ちょうど玄関のドアから出てきたのはミス・コンウェイだった。彼女は、夜の闇のように真っ黒なクレープ・ドゥ —— クレープ・ドゥ —— ええと、あの薄手の黒い布地でできたドレスを着ていた。帽子も黒く、そこからは蜘蛛の巣のような、薄いもやの漆黒のベールが垂れ下がり、はためいていた。彼女は階段の一番上の段に立ち、黒い絹の手袋をはめた。彼女の服装にはどこにも、白いところや色の付いたところが少しもなかった。彼女のふさふさの金色の髪はウェーブがほとんどなく、首の低い位置で、なめらかにきらめく結び目へと引き込まれていた。彼女の顔は、かわいらしいというよりは平凡なものだったが、今は悲しみと憂鬱を訴える表情で、通りを挟んだ家の向こうの空をじっと見つめる大きなグレーの眼のせいで、美しいと言ってもいいほどだった。

　お嬢さん方、想像してみてください —— 全身黒ずくめで、クレープ・ドゥ —— ええと、クレープ・ドゥ・シンを選んで着ている、ただそれだけ。全身黒ずくめで、あの悲しげ（な表情）で、遠くを見つめ、そして黒いベールの下で輝く髪（もちろん、金髪でなければいけない）。そして、三段跳びで人生の敷居の向こう側へ行こうとしてしまうくらいに、若い人生は枯れてしまった様子で、それでも、公園を散歩でもすれば何か良いことがあるのではないかと思おうとしている。（そんな女性が）ここぞというタイミングでドアから出てくるのだ —— そうしたら、ああ、それはいつの時も、彼ら（＝男性方）の心を捕えるだろう。

しかし、これはひどい。私はなんて皮肉なんだろうか？ 喪服のことをこんなふうに話すなんて。

avenue	大街路	erase ... from	…を〜から削除する
boarding-house	下宿屋	tablet	メモ帳
boarder	下宿人	consideration	考慮すべき事柄
unobtrusive	地味な	cigar	葉巻
plain	無地の	rustle	さらさら音を立てる
snuffy	薄汚い	goods	布地
bestow upon	〜に傾ける	droop	垂れる
languid	物憂い、気だるい	flutter	はためく
diffident	遠慮がちな	ebon	漆黒の
eyelid	まぶた	veil	ベール
shoot	（視線などを）投げる	filmy	薄もやのような
perspicuous	明晰な	draw on	はめる
judicial	判断力のある	speck of	少量の〜
glance	ちらりと見ること	rich	ふさふさした
murmur	つぶやく	draw into	〜に引き込む
mutton	羊肉	scarcely	ほとんど〜ない
bow	会釈する	ripple	ウェーブ
grace	優雅	knot	結び目
beaming	光り輝く	plain	美しくない
rapidly	急速に	illuminate	照らす、飾る
advancement	出世	gaze	じっと見つめる

appeal	（人心に）訴える	happen	偶然いる
melancholy	憂鬱	fetch	心を捕らえる
preference	好み、選択	em	= them
although	～だけれども	fierce	ひどい
blight	枯らす	cynical	皮肉な
threshold	敷居	mourning	喪

 学習記録　＜ 11 日目＞

日付	ワード数	ステップ 1 （普通読み）	ステップ 3 （速読 1 回目）	ステップ 4 （速読 2 回目）	ステップ 5 （速読 3 回目）
／	370	分　　秒 （　　　秒） WPM	分　　秒 （　　　秒） WPM	分　　秒 （　　　秒） WPM	分　　秒 （　　　秒） WPM
振り返り					

WPM の計算方法：WPM ＝ワード数 ÷ リーディングタイム（秒）× 60

Mr. Donovan suddenly reinscribed Miss Conway upon the tablets of his consideration. He threw away the remaining inch-and-a-quarter of his cigar, that would have been good for eight minutes yet, and quickly shifted his center of gravity to his low cut patent leathers.

"It's a fine, clear evening, Miss Conway," he said; and if the Weather Bureau could have heard the confident emphasis of his tones it would have hoisted the square white signal, and nailed it to the mast. "To them that has the heart to enjoy it, it is, Mr. Donovan," said Miss Conway, with a sigh. Mr. Donovan, in his heart, cursed fair weather. Heartless weather! It should hail and blow and snow to be consonant with the mood of Miss Conway.

"I hope none of your relatives—I hope you haven't sustained a loss?" ventured Mr. Donovan. "Death has claimed," said Miss Conway, hesitating—"not a relative, but one who—but I will not intrude my grief upon you, Mr. Donovan." "Intrude?" protested Mr. Donovan. "Why, say, Miss Conway, I'd be delighted, that is, I'd be sorry—I mean I'm sure nobody could sympathize with you truer than I would."

Miss Conway smiled a little smile. And oh, it was sadder than her expression in repose. "'Laugh, and the world laughs with you; weep, and they give you the laugh,'" she quoted. "I have learned that, Mr. Donovan. I have no friends or acquaintances in this city. But you have been kind to me. I appreciate it highly." He had passed her the pepper twice at the table.

"It's tough to be alone in New York—that's a cinch," said Mr. Donovan. "But, say—whenever this little old town does loosen up and get friendly it goes the limit. Say you took a little stroll in the park, Miss Conway—don't you think it might chase away some of your mullygrubs? And if you'd allow me—"

"Thanks, Mr. Donovan. I'd be pleased to accept of your escort if you think the company of one whose heart is filled with gloom could be anyways agreeable to you." Through the open gates of the iron-railed, old, downtown park, where the elect once took the air, they strolled, and found a quiet bench. There is this difference between the grief of youth and that of old age: youth's burden is lightened by as much of it as another shares; old age may give and give, but the sorrow remains the same.

　ドノヴァン氏は、急遽、考慮すべき事柄のリストにミス・コンウェイの名を記し直した。彼は、まだ 8 分間は楽しめたであろう葉巻の残り 1 インチと 4 分の 1 を捨て、重心を素早くローカットのエナメル革（の靴）へと移した。

　「晴れて澄み切った夕方ですね、コンウェイさん」と、彼は言った。もし気象局が、この自信に満ちてきっぱりとした彼の口調を聞いたなら、（快晴の印である）正方形の白い合図を揚げて、それを船のマストに釘で固定したであろう。「楽しむ心を持っている方々にとっては、そうでしょうね、ドノヴァンさん」ミス・コンウェイは、ため息をつきながら言った。ドノヴァン氏は、この晴天を心の中で呪った。なんて無情な天気なんだ！ ミス・コンウェイの気持ちと調和するには、霰(あられ)を降らし、風を吹かせ、雪を降らせるべきだというのに。

　「亡くされた方が、お身内の方でなければいいのですが——」ドノヴァン氏は思いきって尋ねてみた。「亡くなったのは」ミス・コンウェイはためらいがちに言った。「身内の者ではないのですが——いえ、私悲しみの押し売りはしたくありませんわ、ドノヴァンさん」「押し売り？」ドノヴァン氏は抗議した。「なぜですか、コンウェイさん。ぼくは喜んで——つまり、お気の毒に思っているんです。ぼく以上に真にあなたに同情できる人は他にいませんよ」

　ミス・コンウェイは小さく微笑んだ。ああ、なんと、それは穏やかに（笑っている）表情のときよりもかえって悲しく見える微笑みだった。「『あなたが笑えば、世界はあなたと共に笑う。あなたが泣けば、彼らはあなたに笑いを与える』[1]」と、彼女は引用して言った。「今、そのことがわかりました、ドノヴァンさん。私、この街には友人も知人もいません。でも、あなたは私に親切にしてくれました。とても感謝しています」ドノヴァン氏は、食事の席で、彼女にコショウを手渡したことが二回あった。

　「ニューヨークで、1 人でやっていくのは大変なことですよ——これは本当に」と、ドノヴァン氏は言った。「でも、そうだな——この小さな町は、打ち解けて親しくなれば、とことんまでいくものです。さあ、コンウェイさん、少し公園を散歩したらいかがでしょう——あなたの憂鬱を少しは追い払ってくれるだろうと思いませんか？ もしあなたがよかったら、ぼくが——」

　「ありがとうございます、ドノヴァンさん。喜んでご一緒しますわ、もしあなたが、心が

---

(1)アメリカの詩人エラ・ウィーラー・ウィルコックスの詩『Solitude（孤独）』の言葉

憂鬱でいっぱいな人が同伴でも構わないと思ってくださるなら」
　彼らは、かつて選ばれた人たちが散歩に出かけた、鉄の柵（で囲まれた）昔からある繁華街の公園の、開放中の門を通り抜けて、静かなベンチを見つけた。
　若者の悲しみと年寄りの悲しみの間には、こんな違いがある。若者の負担は、他の人と分かち合った分だけ軽くなる。年寄りは、（他人に）分け与えても分け与えても、悲しみは同様に残るものだ。

reinscribe	再び記す	intrude ... upon	…を〜に押しつける
remaining	残りの	grief	深い悲しみ
center of gravity	重心	protest	抗議する
patent leather	エナメル革	delight	大いに喜ばせる
Weather Bureau	気象局	that is	すなわち
confident	自身に満ちた	sympathize with	〜に同情する
emphasis	強調	in repose	穏やかで
tone	口調	weep	泣く
hoist	揚げる	quote	引用する
nail ... to	…を〜に釘で固定する	acquaintance	知人
mast	マスト	tough	骨の折れる
sigh	ため息	a cinch	確かなこと
curse	呪う	say	ねえ、ところで
fair	（空が）晴れた	loosen up	打ち解けて話す
heartless	無情な	go the limit	とことんまでやる
hail	霰が降る	stroll	散歩
consonant with	〜に調和して	chase away	追い払う
relative	親戚	mullygrub	憂鬱、ふてくされ
sustain	（損害などを）受ける	escort	付き添う男性
venture	〜を思い切って言う	company	同伴
claim	（人命を）奪う	gloom	憂鬱

agreeable	感じのよい	burden	重荷
the elect	選ばれた人たち	sorrow	悲しみ
take the air	散歩に出る		

 学習記録　＜ 12 日目＞

日付	ワード数	ステップ 1 （普通読み）	ステップ 3 （速読 1 回目）	ステップ 4 （速読 2 回目）	ステップ 5 （速読 3 回目）
／	406	分　　秒 （　　　　秒）	分　　秒 （　　　　秒）	分　　秒 （　　　　秒）	分　　秒 （　　　　秒）
		WPM	WPM	WPM	WPM
振り返り					

WPM の計算方法：WPM ＝ワード数 ÷ リーディングタイム（秒）× 60

伯爵と婚礼の客 (3)
THE COUNT AND THE WEDDING GUEST

英文 <13日目> 384ワード

　"He was my fiance," confided Miss Conway, at the end of an hour. "We were going to be married next spring. I don't want you to think that I am stringing you, Mr. Donovan, but he was a real Count. He had an estate and a castle in Italy. Count Fernando Mazzini was his name. I never saw the beat of him for elegance. Papa objected, of course, and once we eloped, but papa overtook us, and took us back. I thought sure papa and Fernando would fight a duel. Papa has a livery business—in P'kipsee, you know."

　"Finally, papa came 'round, all right, and said we might be married next spring. Fernando showed him proofs of his title and wealth, and then went over to Italy to get the castle fixed up for us. Papa's very proud, and when Fernando wanted to give me several thousand dollars for my trousseau he called him down something awful. He wouldn't even let me take a ring or any presents from him. And when Fernando sailed I came to the city and got a position as cashier in a candy store."

　"Three days ago I got a letter from Italy, forwarded from P'kipsee, saying that Fernando had been killed in a gondola accident." "That is why I am in mourning. My heart, Mr. Donovan, will remain forever in his grave. I guess I am poor company, Mr. Donovan, but I cannot take any interest in no one. I should not care to keep you from gayety and your friends who can smile and entertain you. Perhaps you would prefer to walk back to the house?"

　Now, girls, if you want to observe a young man hustle out after a pick and shovel, just tell him that your heart is in some other fellow's grave. Young men are grave-robbers by nature. Ask any widow. Something must be done to restore that missing organ to weeping angels in crêpe de Chine. Dead men certainly get the worst of it from all sides.

　"I'm awfully sorry," said Mr. Donovan, gently. "No, we won't walk back to the

148

house just yet. And don't say you haven't no friends in this city, Miss Conway. I'm awful sorry, and I want you to believe I'm your friend, and that I'm awful sorry."

　「（亡くなった）彼は、私の婚約者だったんです」1時間の末に、ミス・コンウェイは打ち明けた。「来年の春に結婚することになっていました。ドノヴァンさん、あなたのことをだましていると思われたくはないんですが、彼は本物の伯爵でしたの。彼はイタリアに私有地とお城を持っていました。フェルナンド・マッツィーニ伯爵というのが彼の名前です。私、上品さにおいて、彼に勝る人を見たことがありませんわ。父はもちろん反対して——私たち一度は駆け落ちしたんですが、父が追いついて、私たちは連れ戻されました。私、父とフェルナンドは確実に決闘になると思いました。父は、ポーキプシーで貸し馬業をやっているんです」

　「最終的には、父がやって来て、ええ、次の春に結婚してもいいと言ってくれたんです。フェルナンドは、父に自身の爵位と財産の証拠を見せて、それから私たちのお城を建てるために、イタリアに戻りました。父は自尊心の高い人で、フェルナンドが私の嫁入り道具のために数千ドルをくれようとした時には、何やら彼をひどく叱ったんです。父は、指輪やプレゼントさえ、彼から受け取らせてくれませんでした。そして、フェルナンドが船で（イタリアへ）行ってしまったので、私はこの街に来て、キャンディ・ストアのレジ係の仕事に就いたんです」

　「3日前、私はポーキプシーから転送された、イタリアからの手紙を受け取りました。そこに、フェルナンドがゴンドラの事故で亡くなったと書かれていたんです」「だから私は、こうして喪に服しているんです。ドノヴァンさん、私の心は永遠に彼のお墓の中に留まるんですわ。私のこと、なんてつまらない連れなんだって思うかもしれないわね、ドノヴァンさん、でも誰にも気持ちを向けられないんです。私は、陽気さや、あなたに笑顔を向けて楽しませてくれるお友だちから、あなたを遠ざけたくはないわ。きっとあなたは、下宿に戻りたいと思ってるんじゃんないかしら？」

　さて、お嬢さん方、若い男がつるはしとシャベルを手にせんばかりに、がんばるところを見たければ、ただ、あなたの心は別の男の墓の中にあることを伝えるのみ。若い男というものは、生まれつき墓泥棒なのだ。だれか未亡人に聞いてみるといい。クレープ・ドゥ・シンの布をまとって泣いて悲しむ天使たちに、失った臓器を回復するため、さまざまな試みがなされたに違いないのだ。死んだ男というものは、間違いなくあらゆる面で負けるのである。

　「とてもお気の毒に」と、ドノヴァン氏は優しく言った。「いいえ、とてもまだ下宿に戻ろうだなんて思いません。それから、この街には友人がいないだなんて言わないでください、コンウェイさん。本当にお気の毒に……私はあなたに信じてもらいたい、私はあなたの友人だと。心から気の毒に思っているんです」

単語リスト　＜13日目＞

confide	秘密を打ち明ける	gondola	ゴンドラ
string	だます	grave	墓
Count	伯爵	poor	つまらない
estate	私有地	care to	〜することを好む
beat	勝る	gaiety	陽気
object	反対する	perhaps	多分
elope	駆け落ちする	observe	観察する、よく見る
overtake	追いつく	hustle	がんばる
fight a duel	決闘する	pick	つるはし
livery	貸し馬業	fellow	男、やつ、きみ
title	爵位	robber	泥棒
wealth	財産	by nature	生来
fix up	建てる	widow	未亡人
trousseau	嫁入り道具	restore	復活させる
call down	叱りつける	missing	紛失している
awful	ひどい	organ	臓器、器官
sail	船で行く	certainly	きっと間違いなく
position	勤め口、職	get the worst of it	負ける
cashier	レジ係	just yet	とてもまだ〜ない
forward from	〜から転送する		

学習記録　＜ 13 日目＞

日付	ワード数	ステップ 1 （普通読み）		ステップ 3 （速読 1 回目）		ステップ 4 （速読 2 回目）		ステップ 5 （速読 3 回目）	
／	384	分　　秒 （　　　秒）		分　　秒 （　　　秒）		分　　秒 （　　　秒）		分　　秒 （　　　秒）	
		WPM		WPM		WPM		WPM	
振り返り									

WPM の計算方法 : WPM ＝ワード数 ÷ リーディングタイム（秒）× 60

📖 英文 < 14 日目>　388 ワード

"I've got his picture here in my locket," said Miss Conway, after wiping her eyes with her handkerchief. "I never showed it to anybody; but I will to you, Mr. Donovan, because I believe you to be a true friend."

Mr. Donovan gazed long and with much interest at the photograph in the locket that Miss Conway opened for him. The face of Count Mazzini was one to command interest. It was a smooth, intelligent, bright, almost a handsome face— the face of a strong, cheerful man who might well be a leader among his fellows.

"I have a larger one, framed, in my room," said Miss Conway. "When we return I will show you that. They are all I have to remind me of Fernando. But he ever will be present in my heart, that's a sure thing."

A subtle task confronted Mr. Donovan,—that of supplanting the unfortunate Count in the heart of Miss Conway. This his admiration for her determined him to do. But the magnitude of the undertaking did not seem to weigh upon his spirits. The sympathetic but cheerful friend was the rôle he essayed; and he played it so successfully that the next half-hour found them conversing pensively across two plates of ice-cream, though yet there was no diminution of the sadness in Miss Conway's large gray eyes.

Before they parted in the hall that evening she ran upstairs and brought down the framed photograph wrapped lovingly in a white silk scarf. Mr. Donovan surveyed it with inscrutable eyes.

"He gave me this the night he left for Italy," said Miss Conway. "I had the one for the locket made from this." "A fine-looking man," said Mr. Donovan, heartily. "How would it suit you, Miss Conway, to give me the pleasure of your company to Coney next Sunday afternoon?"A month later they announced their engagement to Mrs. Scott and the other boarders. Miss Conway continued to wear black.

A week after the announcement the two sat on the same bench in the downtown park, while the fluttering leaves of the trees made a dim kinetoscopic picture of them in the moonlight. But Donovan had worn a look of abstracted gloom all day. He was so silent tonight that love's lips could not keep back any longer the questions that love's heart propounded.

「彼の写真を、このロケットの中に持っているんです」ミス・コンウェイは、ハンカチで目をぬぐってから言った。「今まで誰にも見せたことはありません。でも、あなたにはお見せしますわ、ドノヴァンさん、あなたを本当のお友だちだと信じていますから」

ドノヴァン氏は、ミス・コンウェイが開けてくれたロケットの写真を、多大なる興味を持って、長い間じっと見つめた。マッツィーニ伯爵の顔は興味をそそるものだった。ひげは生えておらず、知的で、晴れやかな顔立ちで、ほとんどハンサムと言えるその顔—— 仲間たちの間でリーダー的存在になるであろう、強くて快活さのある顔だった。

「私の部屋には、額に入れたもっと大きな写真があります」と、ミス・コンウェイは言った。「戻ったら、それをお見せしますわ。フェルナンドを思い出すことができるのは、これらだけなんです。でも、彼はいつも私の心の中にいるの、それは確かなことですわ」

なんとも微妙な課題がドノヴァン氏に立ちはだかった——ミス・コンウェイの心の中にいる不運な伯爵を押しのけて、彼の座に取って代わるという課題だ。ドノヴァン氏の彼女への敬愛が、それを行うことを決心させた。しかし、この課題の大きさは、彼の精神に重荷となっているわけではなさそうだった。ドノヴァン氏は、思いやりがありつつも、快活な友人という役を試みた。そしてその役を見事に演じきったため、その後 30 分間ほどは、ミス・コンウェイの大きなグレーの眼から悲しみが減ることはまだなかったものの、2 人は 2 つのアイスクリームの皿を挟んで、物思わし気ながらも談話を交わしたのだった。

その晩、(下宿先の) 玄関ホールで別れる前に、彼女は 2 階へ駆け上がり、白い絹のスカーフで優しく包まれた額入りの写真を持ってきた。ドノヴァン氏は、なんとも不可解そうな目でそれをしげしげと見つめた。

「彼がイタリアへ立つ晩、私にこれをくれたんです」と、ミス・コンウェイは言った。「この写真をもとにしたのが、ロケット用の写真です」「端麗な男性だ」と、ドノヴァン氏は心から言った。「コンウェイさん、次の日曜日の午後、コニー・アイランドにご一緒できたら嬉しいのですが、ご都合はいかがでしょう？」1 ヶ月後、2 人はスコット夫人と他の下宿人たちに婚約の発表をした。ミス・コンウェイは黒いドレスを着続けていた。

発表から 1 週間後、2 人はダウンタウンの公園であの時と同じベンチに座っていた。木々の葉のはためきが、月明かりの下で、おぼろげなキネトスコープ (初期の映画鑑賞装置) の映画のような絵を作り出していた。しかし、ドノヴァンは一日中ぼんやりした憂鬱を身

にまとっていた。その夜、彼はあまりにも無口だったので、恋する唇は、恋する心が提議する質問を、もうこれ以上抑えておくことができなくなった。

単語リスト　＜14日目＞

locket	写真を入れたペンダント	essay	《文語》〜を試みる
wipe	ぬぐう	converse	談話を交わす
command	起こさせる	pensively	物思わしげに
smooth	毛・ひげのない	diminution	減少
bright	晴れやかな	part	別れる
cheerful	快活な	lovingly	優しく
present	忘れられないで	survey	しげしげ見る
subtle	微妙な	inscrutable	不可解な
confront	立ちはだかる	heartily	心から
supplant	押しのけて代わる	suit	都合がよい
admiration	敬愛	Coney	NYのリゾート地
determine	決心する	engagement	婚約
magnitude	大きいこと、巨大さ	dim	よく見えない
undertaking	仕事	kinetoscopic	初期の映画鑑賞装置の
weigh upon	重荷となる	abstracted	ぼんやりした
sympathetic	思いやりのある	keep back	（感情などを）抑える
rôle	(=role) 役	propound	提議する

学習記録　＜ 14 日目＞

日付	ワード数	ステップ 1 （ 普通読み ）		ステップ 3 （ 速読 1 回目 ）		ステップ 4 （ 速読 2 回目 ）		ステップ 5 （ 速読 3 回目 ）	
／	388	分　　秒 （　　　秒）		分　　秒 （　　　秒）		分　　秒 （　　　秒）		分　　秒 （　　　秒）	
		WPM		WPM		WPM		WPM	
振り返り									

WPM の計算方法：WPM ＝ワード数 ÷ リーディングタイム（秒）× 60

伯爵と婚礼の客 (5)
THE COUNT AND THE WEDDING GUEST

英文 ＜15日目＞　416 ワード

"What's the matter, Andy, you are so solemn and grouchy tonight?" "Nothing, Maggie." "I know better. Can't I tell? You never acted this way before. What is it?" "It's nothing much, Maggie."

"Yes it is; and I want to know. I'll bet it's some other girl you are thinking about. All right. Why don't you go get her if you want her? Take your arm away, if you please." "I'll tell you then," said Andy, wisely, "but I guess you won't understand it exactly. You've heard of Mike Sullivan, haven't you? 'Big Mike' Sullivan, everybody calls him." "No, I haven't," said Maggie. "And I don't want to, if he makes you act like this. Who is he?"

"He's the biggest man in New York," said Andy, almost reverently. "He can about do anything he wants to with Tammany or any other old thing in the political line. He's a mile high and as broad as East River. You say anything against Big Mike, and you'll have a million men on your collarbone in about two seconds. Why, he made a visit over to the old country awhile back, and the kings took to their holes like rabbits.

"Well, Big Mike's a friend of mine. I ain't more than deuce-high in the district as far as influence goes, but Mike's as good a friend to a little man, or a poor man as he is to a big one. I met him today on the Bowery, and what do you think he does? Comes up and shakes hands. 'Andy,' says he, 'I've been keeping cases on you. You've been putting in some good licks over on your side of the street, and I'm proud of you. What'll you take to drink?' He takes a cigar, and I take a highball. I told him I was going to get married in two weeks. 'Andy,' says he, 'send me an invitation, so I'll keep in mind of it, and I'll come to the wedding.' That's what Big Mike says to me; and he always does what he says."

"You don't understand it, Maggie, but I'd have one of my hands cut off to have

Big Mike Sullivan at our wedding. It would be the proudest day of my life. When he goes to a man's wedding, there's a guy being married that's made for life. Now, that's why I'm maybe looking sore tonight." "Why don't you invite him, then, if he's so much to the mustard?" said Maggie, lightly.

「どうしたの、アンディ？ 今夜はとても重苦しい感じで不機嫌じゃない?」「なんでもないよ、マギー」「そんなことないわ。私にわからないと思うの? あなたがこれまでこんなふうに振る舞ったことなんてなかったもの。何があったの?」「大したことじゃないんだ、マギー」

「いいえ、大したことよ、私知りたいの。きっと他の女の子のことを考えているに違いないわ。いいわ。その子がいいなら、彼女のところに行って一緒になればいいじゃないの。お願いだから、その腕を離してちょうだい」「それなら話すよ」アンディは賢明にも答えた。「ただ、正確には理解してもらえないと思う。マイク・サリバンという人を聞いたことはあるかい? みんな『ビッグ・マイク』サリバンって呼んでいるんだけど」「いいえ、聞いたことないわ」と、マギーは言った。「それに、その人があなたをこんなふうに振る舞わせてるのなら、知りたくもないわ。その人は誰なの?」

「彼は、ニューヨークいちの大物なんだ」アンディは、ほとんど彼をあがめているような調子で言った。「彼は、タマニー (1) に対してだろうと、その他の政界の古株に対してだろうと、自分のやりたいことは何でもやってのける人でね。身長は1マイルもあり、横幅はイースト川並みに広い。ビッグ・マイクに逆らうようなことを言おうものなら、2秒も経たないうちに、そいつの鎖骨は100万人の男の下敷きになるだろうね。なんてったって、彼がしばらく古巣に戻った時には、そこの大者たちが、うさぎのごとく自分たちの穴に引っ込んでしまったんだから」

「それで、ビッグ・マイクはぼくの友だちなんだ。影響力の届く範囲については、ぼくなんて全くもって彼には及ばないけど、マイクは、つまらない凡人や貧しい人にも、力のある連中にするのと同じように、良い友だちでいてくれるんだ。今日、ぼくはバワリーでマイクに出くわしたんだけど、彼一体どうしたと思う? こちらにやってきて、握手すると『アンディ』って言うんだ。『おれは、あんたの仕事ぶりを見てきた。あんたは、自分のやるべき仕事を、とても役立つ形で成し遂げてる。あんたを誇りに思ってるよ。何か飲むか?』って。マイクは葉巻を吸って、ぼくはハイボールを飲んだよ。2週間後に結婚する予定だってことを彼に伝えたんだ。マイクは、『アンディ』って言ってね、『招待状を送ってくれ。そ

---

(1) タマニー・ホール：1790年代から1960年代まで存在したアメリカ民主党の派閥。一時期ニューヨーク市政を牛耳っていた。

うすれば忘れずにいられる、結婚式に出席させてもらうよ』。それが、ビッグ・マイクがぼくに言ったことさ。彼はいつも、言ったことは実行する人なんだ」

　「きみにはわからないだろうけど、マギー、ぼくたちの結婚式にビッグ・マイク・サリバンが来てくれるなら、ぼくは片腕を切り落としたっていいくらいなんだ。ぼくの人生で最も誇らしい日になるだろう。マイクが結婚式に来てくれる時、結婚する男は一生安楽に過ごせる。ええと、ぼくが今晩、機嫌が悪いように見えてるなら、そういう理由なんだ」「彼がそんなすごい人なら招待すればいいじゃない？」マギーは軽い感じでそう言った。

what's the matter	どうしたの	ain't	am not の縮約形
solemn	真面目くさった	deuce	全くない
grouchy	不機嫌な	district	地区、地域
know better	ではないと知っている	little	つまらない
tell	わかる	Bowery	バワリー
bet	断言する	case	状態
wisely	賢明に	good licks	役立つもの
reverently	うやうやしく	put over	首尾よくやり遂げる
Tammany	タマニー・ホール	be made for life	一生安楽に過ごせる
broad	幅の広い	sore	腹を立てて
East River	イースト川	so much to the	そんなに
collarbone	鎖骨	mustard	素晴らしい
awhile	しばらく		

学習記録　＜ 15 日目＞

日付	ワード数	ステップ 1 （普通読み）	ステップ 3 （速読 1 回目）	ステップ 4 （速読 2 回目）	ステップ 5 （速読 3 回目）
／	416	分　　秒 （　　　秒） WPM	分　　秒 （　　　秒） WPM	分　　秒 （　　　秒） WPM	分　　秒 （　　　秒） WPM
振り返り					

WPM の計算方法：WPM ＝ワード数 ÷ リーディングタイム（秒）× 60

伯爵と婚礼の客（6）
THE COUNT AND THE WEDDING GUEST

英文 ＜16日目＞　381 ワード

"There's a reason why I can't," said Andy, sadly. "There's a reason why he mustn't be there. Don't ask me what it is, for I can't tell you." "Oh, I don't care," said Maggie. "It's something about politics, of course. But it's no reason why you can't smile at me."

"Maggie," said Andy, presently, "do you think as much of me as you did of your—as you did of the Count Mazzini?"

He waited a long time, but Maggie did not reply. And then, suddenly she leaned against his shoulder and began to cry—to cry and shake with sobs, holding his arm tightly, and wetting the crêpe de Chine with tears.

"There, there, there!" soothed Andy, putting aside his own trouble. "And what is it, now?"

"Andy," sobbed Maggie. "I've lied to you, and you'll never marry me, or love me any more. But I feel that I've got to tell. Andy, there never was so much as the little finger of a count. I never had a beau in my life. But all the other girls had; and they talked about 'em; and that seemed to make the fellows like 'em more. And, Andy, I look swell in black—you know I do. So I went out to a photograph store and bought that picture, and had a little one made for my locket, and made up all that story about the Count, and about his being killed, so I could wear black. And nobody can love a liar, and you'll shake me, Andy, and I'll die for shame. Oh, there never was anybody I liked but you—and that's all."

But instead of being pushed away, she found Andy's arm folding her closer. She looked up and saw his face cleared and smiling.

"Could you—could you forgive me, Andy?"

"Sure," said Andy. "It's all right about that. Back to the cemetery for the Count. You've straightened everything out, Maggie. I was in hopes you would before the wedding-day. Bully girl!"

"Andy," said Maggie, with a somewhat shy smile, after she had been thoroughly assured of forgiveness, "did you believe all that story about the Count?"

"Well, not to any large extent," said Andy, reaching for his cigar case, "because it's Big Mike Sullivan's picture you've got in that locket of yours."

「招待できないわけがあるんだ」アンディは悲しそうに言った。「彼がそこにいてはいけない理由が。それが何なのかは訊かないでほしい、ぼくからはきみに言えないから」「ええ、私は気にしないわ」マギーは言った。「きっと、政治に関する何かなんでしょう。でもそれは、あなたが私に笑顔を向けてくれない理由にはならないわ」

「マギー」やがてアンディは言った。「きみはぼくのことを、きみの――きみがマッツィーニ伯爵を想っていたのと同じくらい、ぼくのことを想ってくれるかい？」アンディは長い間待っていたが、マギーは返事をしなかった。そして突然、彼女はアンディの肩にもたれかかって泣き始めた――すすり泣きながら震え、アンディの腕をしっかりと掴み、涙でクレープ・ドゥ・シンを濡らした。「おい、おい！」アンディは、自身の悩みを忘れて、彼女をなだめた。「今度は一体どうしたんだい？」

「アンディ」マギーは、すすり泣いた。「私はあなたに嘘をついていたの。あなたは私と結婚してくれないだろうし、これ以上私を愛してくれないと思うわ。でも、言わなきゃならないわね。アンディ、伯爵なんてこれっぽっちもいなかったの。私、これまでの人生で恋人なんていたことなかったのよ。でも他の女の子たちはみんな恋人がいて、恋人の話をしていた。そうすると、男の人たちは、彼女たちのことをもっと好きになるように思えたの。それにね、アンディ、私黒を着てると素敵に見えるのよ――あなたもそう思うでしょう？ だから、写真屋さんに行って、あの写真を買って、ロケット用の小さいものも作ってもらったわ。それで、伯爵の話を、彼が亡くなってしまったっていう話をでっちあげたの。おかげで、黒いドレスを着ていられたわ。嘘つきは誰にも愛してもらえないし、あなたも私から逃げるでしょう、アンディ、そうしたら私恥ずかしくて死んでしまうわ。ああ、好きな人なんて、あなた以外にいなかったのに――これで全部よ」

しかし、突き放されるどころか、マギーはアンディの腕に抱き寄せられた。彼女が見上げると、アンディの晴れやかに微笑んでいる顔が見えた。「私を――私を許してくれるの、アンディ？」

「もちろんだよ」と、アンディは言った。「そんなの全然かまわないさ。伯爵には墓地に戻ってもらおう。マギー、きみが全て解消してくれたよ。結婚式の前までにはそうしてくれると思っていたけど。最高だ！」

「アンディ」マギーは、許してもらえたことをすっかり確信すると、少し恥ずかしそうに笑っ

て言った。「あなたは、伯爵の話を全部信じていたの?」「いや、大部分はそうでもないかな」アンディは、葉巻のケースに手を伸ばしながら言った。「きみがロケットに入れて持っていた写真、あれはビッグ・マイク・サリバンの写真だからさ」

単語リスト <16日目>

presently	まもなく、やがて	shame	恥ずかしさ
lean against	～にもたれかかる	instead of	～しないで
sob	すすり泣き	push away	突き放す
there	まあまあ！	forgive	許す
soothe	なだめる	cemetery	墓地
put aside	脇へやる、忘れる	straighten out	清算する
have got to	～しなければならない	bully	素敵な、素晴らしい
never so much as	～さえしない	somewhat	やや、多少
beau	恋人	thoroughly	すっかり、全く
fellow	（主に男性の）仲間	assure of	確信させる
swell	しゃれた装いの	to a large extent	大部分は
shake	うまく逃れる	reach	手を伸ばす

学習記録　＜ 16 日目＞

日付	ワード数	ステップ 1 （普通読み）	ステップ 3 （速読 1 回目）	ステップ 4 （速読 2 回目）	ステップ 5 （速読 3 回目）
／	381	分　　秒 （　　　秒）	分　　秒 （　　　秒）	分　　秒 （　　　秒）	分　　秒 （　　　秒）
		WPM	WPM	WPM	WPM
振り返り					

WPM の計算方法：WPM ＝ワード数 ÷ リーディングタイム（秒）× 60

英文 <17日目> 358 ワード

A guard came to the prison shoe-shop, where Jimmy Valentine was assiduously stitching uppers, and escorted him to the front office. There the warden handed Jimmy his pardon, which had been signed that morning by the governor. Jimmy took it in a tired kind of way. He had served nearly ten months of a four year sentence. He had expected to stay only about three months, at the longest. When a man with as many friends on the outside as Jimmy Valentine had is received in the "stir" it is hardly worth while to cut his hair.

"Now, Valentine," said the warden, "you'll go out in the morning. Brace up, and make a man of yourself. You're not a bad fellow at heart. Stop cracking safes, and live straight." "Me?" said Jimmy, in surprise. "Why, I never cracked a safe in my life."

"Oh, no," laughed the warden. "Of course not. Let's see, now. How was it you happened to get sent up on that Springfield job? Was it because you wouldn't prove an alibi for fear of compromising somebody in extremely high-toned society? Or was it simply a case of a mean old jury that had it in for you? It's always one or the other with you innocent victims."

"Me?" said Jimmy, still blankly virtuous. "Why, warden, I never was in Springfield in my life!"

"Take him back, Cronin!" said the warden, "and fix him up with outgoing clothes. Unlock him at seven in the morning, and let him come to the bull-pen. Better think over my advice, Valentine."

At a quarter past seven on the next morning Jimmy stood in the warden's outer office. He had on a suit of the villainously fitting, ready-made clothes and a pair of the stiff, squeaky shoes that the state furnishes to its discharged compulsory guests.

The clerk handed him a railroad ticket and the five-dollar bill with which the law expected him to rehabilitate himself into good citizenship and prosperity. The warden gave him a cigar, and shook hands. Valentine, 9762, was chronicled on the books, "Pardoned by Governor," and Mr. James Valentine walked out into the sunshine.

📖 日本語訳 ＜ 17 日目 ＞

　刑務所の靴工房に一人の看守がやって来て、そこではジミー・バレンタインが精を出して靴の甲革を縫っていたのだが、看守がジミーを本部へと送り届けた。そこで刑務所長が、その朝知事によって署名された赦免状をジミーに手渡した。ジミーは、ややうんざりした様子でそれを受け取った。彼は 4 年間の刑期のうち、10 ヶ月近く服役していた。長くともたった 3 ヶ月ほどで済むと思っていた。ジミー・バレンタインのように外の世界に友人がたくさんいる男が「ムショ（刑務所）」に送られた時には、（服役している）その間に髪を刈るのはほとんど価値がない（ほど早く出られる）のだ。

　「さあ、バレンタイン」と、刑務所長は言った。「きみは、明日の朝出ていくことになる。身を引き締めて、まっとうな人間になるんだ。きみは根っからの悪い人ではない。金庫破りなどやめて、まっすぐ生きるんだぞ」「なんだって？」ジミーは驚いた様子で言った。「どうしてだ、おれは金庫破りなんて人生で一度もしたことないのに」

　「ああ、いや」と、刑務所長は笑った。「そのとおりだろう。じゃあなんだ。一体どういうわけで、きみはスプリングフィールドの事件で刑務所送りになったっていうんだね？ すこぶる格調高い社会の誰かさんの名前を傷つけるのを恐れて、きみがアリバイを証明しなかったからか？ それとも、きみに対して思うところのある卑劣な老いぼれ陪審員がやったことか？ きみのような無実の罪の犠牲者というのは、いつだってそのどちらか一つだよ」

　「なんだって？」ジミーは、まだぽかんとして潔白な様子で言った。「どうしてだ、刑務所長、おれはスプリングフィールドに行ったことなんて、人生で一度もないのに！」

　「彼を連れて帰りなさい、クローニン！」刑務所長は言った。「それから、彼の出所用の服を用意しなさい。明日の朝 7 時に彼の（監房の）鍵を開けて、彼を出所前の準備室に来させるように。それからバレンタイン、私のアドバイスをよく考えたほうがいいぞ」

　翌朝 7 時 15 分、ジミーは刑務所長室の外側に立っていた。彼は、ひどく身体に合わない一揃いの既製服と、キューキューと鳴る硬い靴を身に着けていた。それらは、法により強制的に収容されていた客が釈放される時に、州が供給するものだ。

174

　事務官は、ジミーに鉄道の切符と 5 ドル紙幣を手渡した。それは法律が、彼が善良な市民権と成功を獲得し社会に復帰することを期待してのものだ。刑務所長は彼に葉巻を 1 本与え、握手をした。バレンタイン、（囚人番号）9762 は、名簿に「知事によって赦免」と記録され、ジェームズ・バレンタイン氏はひなたの中へと歩み出たのである。

guard	（刑務所の）看守	let's see	ええと
shop	仕事場	send up	刑務所に送る
assiduously	精を出して	Springfield	スプリングフィールド
stitch	縫う	job	事、事件
upper	（靴の）甲革	prove	証明する
escort	送り届ける	alibi	アリバイ
warden	刑務所長	fear	恐れ
pardon	赦免状	compromise	傷付ける
governor	知事	extremely	とても、すこぶる
kind of	やや、ちょっと	high-toned	格調高い
serve	務める	mean	卑劣な
sentence	判決、刑	jury	陪審（員団）
stir	《俗語》刑務所	one or the other	どれか一つ
hardly	ほとんど〜でない	innocent	無罪の
brace up	（心身を）引き締める	victim	犠牲（者）
make a man of	一人前の男に仕立てる	blankly	ぽかんとして
fellow	男、やつ、きみ	virtuous	高潔ぶった
at heart	心の底は、実際は	fix ... up with	…に〜を用意する
crack	（金庫などを）破る	bull-pen	仮留置所
safe	金庫	a suit of	一揃いの
me	おやおや	villainously	ひどく悪い

ready-made	既製品の	railroad	鉄道
stiff	硬い	bill	紙幣
squeaky	キューキューいう	rehabilitate	社会復帰させる
state	（米国などの）州	citizenship	市民権
furnish to	供給する	prosperity	成功
discharge	釈放する	chronicle	記録にとどめる
compulsory	強制的な	books	〔複数形で〕名簿
clerk	事務官		

 学習記録　< 17 日目 >

日付	ワード数	ステップ 1 （普通読み）	ステップ 3 （速読 1 回目）	ステップ 4 （速読 2 回目）	ステップ 5 （速読 3 回目）
／	358	分　秒 （　　秒） WPM	分　秒 （　　秒） WPM	分　秒 （　　秒） WPM	分　秒 （　　秒） WPM
振り返り					

WPM の計算方法：WPM ＝ワード数 ÷ リーディングタイム（秒）× 60

177

DAY 18 よみがえった改心 (2)
A RETRIEVED REFORMATION

英文 ＜18 日目＞　385 ワード

Disregarding the song of the birds, the waving green trees, and the smell of the flowers, Jimmy headed straight for a restaurant. There he tasted the first sweet joys of liberty in the shape of a broiled chicken and a bottle of white wine—followed by a cigar a grade better than the one the warden had given him. From there he proceeded leisurely to the depot. He tossed a quarter into the hat of a blind man sitting by the door, and boarded his train. Three hours set him down in a little town near the state line. He went to the café of one Mike Dolan and shook hands with Mike, who was alone behind the bar.

"Sorry we couldn't make it sooner, Jimmy, me boy," said Mike. "But we had that protest from Springfield to buck against, and the governor nearly balked. Feeling all right?" "Fine," said Jimmy. "Got my key?"

He got his key and went upstairs, unlocking the door of a room at the rear. Everything was just as he had left it. There on the floor was still Ben Price's collar-button that had been torn from that eminent detective's shirt-band when they had overpowered Jimmy to arrest him.

Pulling out from the wall a folding-bed, Jimmy slid back a panel in the wall and dragged out a dust-covered suit-case. He opened this and gazed fondly at the finest set of burglar's tools in the East. It was a complete set, made of specially tempered steel, the latest designs in drills, punches, braces and bits, jimmies, clamps, and augers, with two or three novelties, invented by Jimmy himself, in which he took pride. Over nine hundred dollars they had cost him to have made at—, a place where they make such things for the profession.

In half an hour Jimmy went down stairs and through the café. He was now dressed in tasteful and well-fitting clothes, and carried his dusted and cleaned suit-case in his hand. "Got anything on?" asked Mike Dolan, genially. "Me?"

178

said Jimmy, in a puzzled tone. "I don't understand. I'm representing the New York Amalgamated Short Snap Biscuit Cracker and Frazzled Wheat Company." This statement delighted Mike to such an extent that Jimmy had to take a seltzer-and-milk on the spot. He never touched "hard" drinks.

日本語訳 ＜ 18 日目 ＞

　鳥のさえずり、揺れる緑の木々、そして花の匂いも無視して、ジミーは一軒のレストラン
へとまっすぐに向かった。そこで彼は、鶏肉の炙り焼きと 1 本の白ワインという形で、最
初の自由の甘い喜びを味わった──そしてその後、刑務所長が彼にくれたものよりも上の
ランクの葉巻を味わった。そこから彼は、のんびりと駅の方へおもむいた。ジミーは、ド
アの横に座っている盲目の男の帽子に 25 セント銀貨をぽいと投げ入れると、列車に乗り
込んだ。3 時間後、彼は州境に近い小さな町で列車を降りた。マイク・ドーランという男
のカフェに行き、バーカウンターの奥に 1 人いるマイクと握手をした。

　「悪かったな、すぐに出してあげられなくて、ジミー」と、マイクは言った。「だが、ス
プリングフィールドの連中から、頑強に反対されちまって、知事もほとんど立ち往生して
たんだ。悪く思わないでくれよ？」「ああ、構わないさ」と、ジミーは言った。「おれの鍵
は持ってるか？」

　彼は鍵を受け取ると 2 階に上がり、後方にある部屋のドアの鍵を開けた。全てが、彼
が出ていった時のままだった。床には、まだベン・プライスの襟のボタンが落ちていた。
これは、ジミーを逮捕しようと（警官たちが）取り押さえにかかってきた時に、その地位
の高い巡査（＝ベン・プライス）のバンドカラーシャツから引きちぎられたものだった。

　壁から折りたたみ式ベッドを引き出すと、ジミーは壁の羽目板を後ろにスライドさせ、ほ
こりを被ったスーツケースを引っぱり出した。彼はスーツケースを開けて、東部切っての見
事な侵入窃盗用道具のセットを、愛情を込めてじっと見つめた。それは、特別に焼き戻
しされた鋼で作られた完璧な一式であり、最新デザインのドリル、パンチ、ブレースとビッ
ト、組み立て式の鉄梃（かなてこ）、やっとこ、らせん型の木工錐（きり）、そしてジミー自身が発明した目新
しい小物も 2 つ 3 つあり、彼の自慢だった。製造費に 900 ドル以上もかかっているのだ。
──とある、専門家のためにこのような道具類を製造している場所で作ったもので。

　30 分後、ジミーは階段を下りてカフェを通り抜けた。今は、趣味のよい、身体にぴったり合った服を着て、ほこりを払ってきれいにしたスーツケースを手に持っていた。「さっそく仕事に取り掛かるのか?」マイク・ドーランは和やかに尋ねた。「なんだって?」ジミーは当惑した口調で言った。「意味がわかりませんね。私は、『ニューヨーク・さくさくパリパリ・ビスケット・クラッカー・アンド・ぼろぼろ製粉合同会社』の者ですが」この発言はマイクを大いに喜ばせて、ジミーはその場でミルク・ソーダを飲まなければならなくなるほどだった。ジミーは「強い」飲み物には手を出したことがなかった。

単語リスト　＜18日目＞

disregard	無視する	folding-bed	折り畳み式ベッド
broil	（肉を）炙る、焼く	drag out	引き出す
followed by	～に続いて	gaze at	見つめる
proceed	おもむく	fondly	愛情を込めて
leisurely	ゆっくりと	burglar	侵入窃盗犯
depot	駅	tempered steel	焼戻鋼
toss	ぽいと投げる	latest	最新の
blind	盲目の	brace and bit	ブレースとビット
board	乗り込む	jimmy	組み立て式の鉄梃<ruby>(かなてこ)</ruby>
set ... down	（乗客など）を降ろす	clamp	やっとこ
protest	抗議	auger	木工錐<ruby>(きり)</ruby>
buck against	頑強に抵抗する	novelties	目先の変わった商品
balk	立ち往生する	profession	専門職
rear	後部	tasteful	趣味のよい
collar	襟	get on	仕事に取り掛かる
tear	引きちぎる	genially	和やかに
eminent	地位（身分）の高い	puzzled	当惑した
detective	刑事（巡査）	represent	代表する
shirt-band	バンドカラーシャツ	amalgamate	合併する
overpower	取り押さえる	short	さくさくする
arrest	逮捕する	snap	クッキー

frazzle	ぼろぼろの状態	delight	大いに喜ばせる
wheat	小麦	extent	程度
statement	発言	seltzer	炭酸水、ソーダ水

 学習記録　＜18日目＞

日付	ワード数	ステップ1 （普通読み）	ステップ3 （速読1回目）	ステップ4 （速読2回目）	ステップ5 （速読3回目）
／	385	分　　秒 （　　　秒） WPM	分　　秒 （　　　秒） WPM	分　　秒 （　　　秒） WPM	分　　秒 （　　　秒） WPM
振り返り					

WPM の計算方法：WPM ＝ワード数 ÷ リーディングタイム（秒）× 60

A week after the release of Valentine, 9762, there was a neat job of safe-burglary done in Richmond, Indiana, with no clue to the author. A scant eight hundred dollars was all that was secured. Two weeks after that a patented, improved, burglar-proof safe in Logansport was opened like a cheese to the tune of fifteen hundred dollars, currency; securities and silver untouched. That began to interest the rogue-catchers. Then an old-fashioned bank-safe in Jefferson City became active and threw out of its crater an eruption of bank-notes amounting to five thousand dollars. The losses were now high enough to bring the matter up into Ben Price's class of work. By comparing notes, a remarkable similarity in the methods of the burglaries was noticed. Ben Price investigated the scenes of the robberies, and was heard to remark:

"That's Dandy Jim Valentine's autograph. He's resumed business. Look at that combination knob—jerked out as easy as pulling up a radish in wet weather. He's got the only clamps that can do it. And look how clean those tumblers were punched out! Jimmy never has to drill but one hole. Yes, I guess I want Mr. Valentine. He'll do his bit next time without any short-time or clemency foolishness."

Ben Price knew Jimmy's habits. He had learned them while working up the Springfield case. Long jumps, quick get-aways, no confederates, and a taste for good society—these ways had helped Mr. Valentine to become noted as a successful dodger of retribution. It was given out that Ben Price had taken up the trail of the elusive cracksman, and other people with burglar-proof safes felt more at ease.

One afternoon Jimmy Valentine and his suit-case climbed out of the mail-hack in Elmore, a little town five miles off the railroad down in the black-jack country of Arkansas. Jimmy, looking like an athletic young senior just home from college, went down the board side-walk toward the hotel.

A young lady crossed the street, passed him at the corner and entered a door over which was the sign, "The Elmore Bank." Jimmy Valentine looked into her eyes, forgot what he was, and became another man. She lowered her eyes and coloured slightly. Young men of Jimmy's style and looks were scarce in Elmore.

Jimmy collared a boy that was loafing on the steps of the bank as if he were one of the stockholders, and began to ask him questions about the town, feeding him dimes at intervals. By and by the young lady came out, looking royally unconscious of the young man with the suit-case, and went her way.

　囚人番号 9762 番のバレンタインの釈放から 1 週間後、インディアナ州リッチモンドで巧妙な金庫破りがあったが、犯人の手がかりはなかった。厳重に保管されていたのは（＝盗まれたのは）全部でわずか 800 ドルだった。その 2 週間後、ローガンズポートで、改良され特許取得済みの盗難防止金庫が、まるでチーズ（を裂くか）のように開けられ、大枚 1500 ドルもの貨幣が盗まれた。有価証券と銀は手つかずだった。これが、悪党を捕まえる人たち（＝捜査機関）に興味を持たせ始めた。それから、ジェファソン・シティにある昔ながらの銀行金庫が噴火し、その噴火口から 5000 ドルにおよぶ紙幣という溶岩の噴出が起こった。この損失はあまりにも大きく、この問題をベン・プライス級の（捜査官が乗り出す）仕事へと昇格させるのに十分なほどだった。記録を比較すると、金庫破りの方法には注目すべき類似点が認められた。ベン・プライスは強盗の現場を捜査し、次のように述べた。

　「これは、しゃれ男ジム・バレンタインのサインだね。あいつは仕事を再開したんだ。あのダイヤル錠の取っ手を見てみろ——雨の日に大根を引っこ抜くくらい簡単に、ぐいと引き抜かれてるだろ。あいつは、これができる唯一のやっとこを持ってる。それに、これらの槓桿（錠の中の金具）がどんなにきれいな穴を開けられたか見てくれ！ ジミーは、ドリルで絶対に 1 つしか穴を開けないんだ。ああ、バレンタイン氏を探してやろうじゃないか。次回は、（刑期の）短縮も、ばかげた恩赦もなしで、刑に服してもらうぞ」

　ベン・プライスはジミーの手口を知っていた。彼は、スプリングフィールドの事件を詳しく調べていくなかで、それを学んだのだ。長い移動距離、素早い逃走、共犯者がいないこと、そして立派な上流社会を好むこと——これらのやり方が、バレンタイン氏が「罰からひらりと身をかわす成功者」として有名になるのに役立ったのである。ベン・プライスが、この巧みに逃げる金庫破りの手がかりを追い始めたことが発表され、盗難防止金庫を持っている人たちは安堵した。

　ある日の午後、ジミー・バレンタインと彼のスーツケースは、ブラックジャック・オークの郷であるアーカンソー州の、鉄道から 5 マイルほど離れたエルモアという小さな町で郵便馬車から降り立った。ジミーは、大学からちょうど故郷に帰った筋骨たくましい最上級生のような見た目で、ホテルに向かって板張りの歩道を下った。

　ある若い女性が通りを渡り、角のところで彼を通り過ぎ、「エルモア銀行」と書かれた

看板のあるドアに入っていった。ジミー・バレンタインは彼女の目を覗き込むと、自分が何者なのかを忘れ、別人となった。彼女は目を伏せ、わずかに（頬を）赤らめた。ジミーのような格好と見た目の若い男性は、エルモアではまれだったのだ。

　ジミーは、銀行の階段でぶらついていた少年を、まるで自分がそこの株主の 1 人であるかのように引き止め、時々 10 セント硬貨を与えながら、この町についてのあらゆることを尋ね始めた。やがて若い女性が出てきたが、スーツケースを持った若い男など全く気付いていないような様子で、行ってしまった。

単語リスト　＜19日目＞

neat	巧妙な	dandy	しゃれ男
burglary	侵入窃盗	autograph	自筆、サイン
clue	手がかり	resume	再び始める
scant	わずかな	combination	組み合わせ錠
secure	厳重に保管する	knob	（ドアなどの）取っ手
patent	特許を取る	jerk	ぐいと引く
burglar-proof	盗難防止の	tumbler	槓桿（錠の中の金具）
Logansport	ローガンズポート	punch	穴を開ける
to the tune of	大枚〜も	I guess	〜させてもらおうかな
securities	〔複数形で〕有価証券	want	用事で探している
rogue	悪党	do one's bit	本分を尽くす
old-fashioned	古風な、旧式の	clemency	寛容
active	（火山が）活動中の	foolishness	ばからしさ
crater	（火山の）噴火口	work up	詳しく調べる
eruption	噴出	confederate	共犯者
bank-note	紙幣	taste	好み
amount to	およぶ	noted as	〜として有名で
remarkable	注目すべき	dodger	ひらりと身をかわす人
notice	〜を認める	retribution	懲罰
robbery	強盗	give out	〜だと発表する
remark	〜だと言う	take up	始める

trail	手がかり	slightly	わずかに
elusive	うまく逃げる	scarce	まれな
cracksman	押し入り強盗	collar	引き止める
feel at ease	安心する	loaf	ぶらつく
climb out	降りる	stockholder	株主
hack	貸し馬車	feed	食物を与える
black-jack	ブラックジャック・オーク	dime	10 セント硬貨
Arkansas	アーカンソー州	at intervals	時々
athletic	筋骨たくましい	by and by	やがて
senior	最上級生の	royally	完全に、全く
look into	覗き込む	unconscious of	～に気付かないで
colour	（人が）顔を赤らめる		

 学習記録　＜ 19 日目＞

日付	ワード数	ステップ 1 （ 普通読み ）	ステップ 3 （ 速読 1 回目 ）	ステップ 4 （ 速読 2 回目 ）	ステップ 5 （ 速読 3 回目 ）
╱	433	分　　秒 （　　秒）	分　　秒 （　　秒）	分　　秒 （　　秒）	分　　秒 （　　秒）
		WPM	WPM	WPM	WPM
振り返り					

WPM の計算方法：WPM ＝ワード数 ÷ リーディングタイム（秒）× 60

DAY 20　よみがえった改心 (4)
A RETRIEVED REFORMATION

英文 < 20 日目>　400 ワード

"Isn't that young lady Polly Simpson?" asked Jimmy, with specious guile.

"Naw," said the boy. "She's Annabel Adams. Her pa owns this bank. What'd you come to Elmore for? Is that a gold watch-chain? I'm going to get a bulldog. Got any more dimes?"

Jimmy went to the Planters' Hotel, registered as Ralph D. Spencer, and engaged a room. He leaned on the desk and declared his platform to the clerk. He said he had come to Elmore to look for a location to go into business. How was the shoe business, now, in the town? He had thought of the shoe business. Was there an opening?

The clerk was impressed by the clothes and manner of Jimmy. He, himself, was something of a pattern of fashion to the thinly gilded youth of Elmore, but he now perceived his shortcomings. While trying to figure out Jimmy's manner of tying his four-in-hand he cordially gave information.

Yes, there ought to be a good opening in the shoe line. There wasn't an exclusive shoe-store in the place. The dry-goods and general stores handled them. Business in all lines was fairly good. Hoped Mr. Spencer would decide to locate in Elmore. He would find it a pleasant town to live in, and the people very sociable.

Mr. Spencer thought he would stop over in the town a few days and look over the situation. No, the clerk needn't call the boy. He would carry up his suit-case, himself; it was rather heavy. Mr. Ralph Spencer, the phoenix that arose from Jimmy Valentine's ashes—ashes left by the flame of a sudden and alterative attack of love—remained in Elmore, and prospered. He opened a shoe-store and secured a good run of trade. Socially he was also a success, and made many friends. And he accomplished the wish of his heart. He met Miss Annabel

Adams, and became more and more captivated by her charms.

　At the end of a year the situation of Mr. Ralph Spencer was this: he had won the respect of the community, his shoe-store was flourishing, and he and Annabel were engaged to be married in two weeks. Mr. Adams, the typical, plodding, country banker, approved of Spencer. Annabel's pride in him almost equalled her affection. He was as much at home in the family of Mr. Adams and that of Annabel's married sister as if he were already a member.

「あの若い女性は、ポリー・シンプソンではないのか?」ジミーは正しく見える (= 本当にそう思っているように見える) ようなずるさを用いて尋ねた。「違うね」と少年は言った。「あの人は、アナベル・アダムズだ。あの人の親父さんがこの銀行を持ってる。あんたはなんでエルモアに来たの? その懐中時計の鎖って金? おれブルドッグを飼うつもりなんだ。10 セント玉をもっと持ってる?」

ジミーは、プランターズホテルに行き、ラルフ・D・スペンサーとして記名し、部屋を取った。彼はフロントデスクに寄りかかって、受付係に自分の策を話した。ジミーは、商売を始める場所を探しにエルモアにやって来た、と言った。現在この町では、靴の商売はどうだろうか? 彼は靴の商売 (をすること) を考えているのだが。商売の余地はあるだろうか?

その受付係は、ジミーの服装と態度に感動した。彼自身、うっすらと上辺を着飾ったエルモアの若者たちにとっては、流行のかがみのような存在だったが、今では自分にも至らないところがあることに気付いた。ジミーのネクタイの結び方がどうなっているのか理解しようとしながら、彼は誠意を持って情報を提供した。

ええ、靴の商売ならうまく入り込めるでしょう。この町には、靴だけに特化した専門的な靴屋がありませんから。呉服店や雑貨店が靴を取り扱ってきました。どんな商売もまずまず繁盛しています。私は、スペンサーさんがエルモアに店を構えると決めてくれることを望みますよ。住むに快適で、人々がとても社交的な町だと、あなたもわかると思います。

スペンサー氏は、数日この町に滞在して、色々見てみようと思うと言った。いや、受付係さん、ベルボーイは呼ばなくていい。スーツケースは自分で運びますよ、かなり重いのでね。ジミー・バレンタインの灰 —— 突如変化をもたらす恋の発作という炎によって残された灰 —— そこから生じた不死鳥ラルフ・スペンサー氏は、エルモアにとどまり、成功した。彼は靴屋を開き、順調な商売を確立した。彼はまた、社交上も成功を収め、多くの友人ができた。そして、胸の内にあった願いも果たされたのだ。彼はアナベル・アダムズ嬢と交際し、彼女の魅力にどんどん魅了されていった。

1 年の終わり頃、ラルフ・スペンサー氏の境遇は次のようになっていた。彼は町内のみんなの尊敬を勝ち得て、靴屋は繁盛し、彼とアナベルは 2 週間後に結婚する約束になっていた。こつこつ働く典型的な田舎の銀行家であるアダムズ氏は、スペンサーを満足に思っていた。アナベル嬢の彼への誇りは、ほとんど愛情と同じだった。スペンサーは、ア

ダムズ氏の家庭でも、すでに結婚しているアナベルの姉の家庭でも、まるですでに家族の一員であるかのように、すっかり馴染んでいた。

specious	正しく見える	cordially	誠意を持って
guile	ずるさ	ought to	〜のはずだ
naw	=No（いいえ）	line	商売
pa	お父さん	exclusive	限られた、専門的な
register	記名する	dry-goods	呉服
engage	予約する	fairly	まずまず
lean on	寄りかかる	pleasant	快適な
declare	宣言する	sociable	社交的な
platform	政策、綱領	stop over	しばらく泊まる
clerk	受付係	boy	給仕、ベルボーイ
go into	〜し始める	phoenix	不死鳥
opening	就職口	arise from	〜から生じる
manner	態度	ash	灰
a pattern of	〜のかがみ	flame	炎
thinly	うっすら	alterative	変化をもたらす
gild	うわべを飾る	attack	（病気の）発作
perceive	気付く	prosper	成功する
shortcoming	至らないところ	secure	首尾よく手に入れる
figure out	理解する	run of	〜の成り行き
manner	方法	accomplish	果たす
four-in-hand	ネクタイ	heart	心、胸の内

captivate	（人を）魅惑する	plod	こつこつ働く
charm	魅力	approve of	〜を満足に思う
flourish	繁盛する	affection	愛情
engage to	〜する約束をする	at home in	〜に慣れて
typical	典型的な		

 学習記録　＜ 20 日目＞

日付	ワード数	ステップ 1 （普通読み）	ステップ 3 （速読1回目）	ステップ 4 （速読2回目）	ステップ 5 （速読3回目）
／	400	（　　分　　秒 　　　　秒） WPM	（　　分　　秒 　　　　秒） WPM	（　　分　　秒 　　　　秒） WPM	（　　分　　秒 　　　　秒） WPM
振り返り					

WPM の計算方法：WPM ＝ワード数 ÷ リーディングタイム（秒）× 60

DAY 21　よみがえった改心 (5)
A RETRIEVED REFORMATION

📖　英文 ＜ 21 日目 ＞　421 ワード

One day Jimmy sat down in his room and wrote this letter, which he mailed to the safe address of one of his old friends in St. Louis:

Dear Old Pal:

I want you to be at Sullivan's place, in Little Rock, next Wednesday night, at nine o'clock. I want you to wind up some little matters for me. And, also, I want to make you a present of my kit of tools. I know you'll be glad to get them— you couldn't duplicate the lot for a thousand dollars. Say, Billy, I've quit the old business—a year ago. I've got a nice store. I'm making an honest living, and I'm going to marry the finest girl on earth two weeks from now. It's the only life, Billy—the straight one. I wouldn't touch a dollar of another man's money now for a million. After I get married I'm going to sell out and go West, where there won't be so much danger of having old scores brought up against me. I tell you, Billy, she's an angel. She believes in me; and I wouldn't do another crooked thing for the whole world. Be sure to be at Sully's, for I must see you. I'll bring along the tools with me.

Your old friend,
Jimmy.

On the Monday night after Jimmy wrote this letter, Ben Price jogged unobtrusively into Elmore in a livery buggy. He lounged about town in his quiet way until he found out what he wanted to know. From the drug-store across the street from Spencer's shoe-store he got a good look at Ralph D. Spencer. "Going to marry the banker's daughter are you, Jimmy?" said Ben to himself, softly. "Well, I don't know!"

The next morning Jimmy took breakfast at the Adamses. He was going to Little Rock that day to order his wedding-suit and buy something nice for Annabel. That would be the first time he had left town since he came to Elmore. It had been more than a year now since those last professional "jobs," and he thought he could safely venture out.

After breakfast quite a family party went downtown together—Mr. Adams, Annabel, Jimmy, and Annabel's married sister with her two little girls, aged five and nine. They came by the hotel where Jimmy still boarded, and he ran up to his room and brought along his suit-case. Then they went on to the bank. There stood Jimmy's horse and buggy and Dolph Gibson, who was going to drive him over to the railroad station.

ある日、ジミーは自分の部屋に座ってこの手紙を書き、安全な住所であるセント・ルイスにいる彼の古い友人の一人に郵送した。

　親愛なる旧友：

　来週の水曜日の夜 9 時、リトル・ロックのサリバンのところにいてほしい。あんたに片付けてほしいことがいくつかあるんだ。ああ、それから、おれの道具一式をあんたにプレゼントしたい。喜んでもらってくれることと思う——これは 1000 ドル出しても複製できないしろものだからね。そうだ、ビリー、おれは昔の仕事はもうやめた——1 年前に。(今は)いい店を持ってる。おれは真っ当に生計を立ててる、それに 2 週間後にはこの世で最も素晴らしい娘と結婚する予定だ。ビリー、これこそが人生だよ——真っ直ぐに生きていくことが。今じゃおれは、100 万ドルのためだろうと、他人の金には 1 ドルたりとも手をつけたくない。結婚した後は、(店を)売り払って西部へ行くつもりだ、そこなら(おれの過去を)持ち出してくる宿怨(を持ったやつら)に遭う危険も少ないだろう。ビリー、彼女は天使なんだ。彼女はおれのことを信じてくれている。だからおれは、どんなことがあっても絶対に不正なことはしない。あんたにはどうしても会わなきゃならないので、必ずサリバンのところにいてくれ。道具を持って行く。

　　あんたの古い友人、
　　ジミー

　ジミーがこの手紙を書いた後の月曜日の夜、ベン・プライスは貸し馬車に乗って目立たないようにエルモアにやって来た。彼は自分が知りたいことを見つけ出すまで、彼のひっそりとしたやり方で町をぶらぶらした。スペンサーの靴屋から通りを挟んだところにあるドラッグストアから、ラルフ・D・スペンサーを入念に見た。「銀行家の娘と結婚するそうだな、ジミー？」ベンは静かに独り言を言った。「まあ、(どうなるか)わからないさ！」
　翌朝、ジミーはアダムズ家で朝食をとった。彼はその日リトル・ロックに行き、結婚式用のスーツを注文し、アナベルのために何か素敵なものを購入することになっていた。エ

ルモアに来て以来、彼が町を出るのはこれが初めてであった。今では、最後に本職の「仕事」をしてから 1 年以上が経っていたので、思い切って出かけることも安全だろうと思っていた。

　朝食の後、家族一行は総出で町の繁華街へと出かけた——アダムズ氏、アナベル、ジミー、結婚しているアナベルの姉は 5 歳と 9 歳の 2 人の娘を連れていた。一行は、今もジミーが下宿しているホテルのそばを通りかかり、ジミーは部屋に駆け上がって例のスーツケースを持ってきた。それから、銀行へ向かった。そこにはジミーの馬車と、ジミーを鉄道の駅まで馬車で送ることになっているドルフ・ギブソンが立っていた。

単語リスト　＜21日目＞

St. Louis	セント・ルイス	jog	揺られながら行く
old pal	旧友	unobtrusively	控え目な態度で
Little Rock	リトル・ロック	livery	貸し馬車業
wind up	終わりにする	buggy	軽装四輪馬車
duplicate	複製する	lounge	ぶらぶらする
lot	しろもの	venture out	思い切って出かける
on earth	およそ世にある	quite a	相当な〜
sell out	売り払う	party	一行
old score	宿怨	downtown	繁華街
bring against	提起する	come by	〜のそばを通り過ぎる
crooked	不正な	board	下宿する
for the world	断じて〜ない		

学習記録　＜ 21 日目＞

日付	ワード数	ステップ 1 （普通読み）		ステップ 3 （速読 1 回目）		ステップ 4 （速読 2 回目）		ステップ 5 （速読 3 回目）	
／	421	分　　秒 （　　　秒）		分　　秒 （　　　秒）		分　　秒 （　　　秒）		分　　秒 （　　　秒）	
		WPM		WPM		WPM		WPM	
振り返り									

WPM の計算方法：WPM ＝ワード数 ÷ リーディングタイム（秒）× 60

よみがえった改心 (6)
A RETRIEVED REFORMATION

英文 < 22 日目 >　403 ワード

　All went inside the high, carved oak railings into the banking-room—Jimmy included, for Mr. Adams's future son-in-law was welcome anywhere. The clerks were pleased to be greeted by the good-looking, agreeable young man who was going to marry Miss Annabel. Jimmy set his suit-case down. Annabel, whose heart was bubbling with happiness and lively youth, put on Jimmy's hat, and picked up the suit-case. "Wouldn't I make a nice drummer?" said Annabel. "My! Ralph, how heavy it is? Feels like it was full of gold bricks." "Lot of nickel-plated shoe-horns in there," said Jimmy, coolly, "that I'm going to return. Thought I'd save express charges by taking them up. I'm getting awfully economical."

　The Elmore Bank had just put in a new safe and vault. Mr. Adams was very proud of it, and insisted on an inspection by every one. The vault was a small one, but it had a new, patented door. It fastened with three solid steel bolts thrown simultaneously with a single handle, and had a time-lock. Mr. Adams beamingly explained its workings to Mr. Spencer, who showed a courteous but not too intelligent interest. The two children, May and Agatha, were delighted by the shining metal and funny clock and knobs.

　While they were thus engaged Ben Price sauntered in and leaned on his elbow, looking casually inside between the railings. He told the teller that he didn't want anything; he was just waiting for a man he knew. Suddenly there was a scream or two from the women, and a commotion. Unperceived by the elders, May, the nine-year-old girl, in a spirit of play, had shut Agatha in the vault. She had then shot the bolts and turned the knob of the combination as she had seen Mr. Adams do.

　The old banker sprang to the handle and tugged at it for a moment. "The door can't be opened," he groaned. "The clock hasn't been wound nor the combination set." Agatha's mother screamed again, hysterically.

"Hush!" said Mr. Adams, raising his trembling hand. "All be quiet for a moment. Agatha!" he called as loudly as he could. "Listen to me." During the following silence they could just hear the faint sound of the child wildly shrieking in the dark vault in a panic of terror. "My precious darling!" wailed the mother. "She will die of fright! Open the door! Oh, break it open! Can't you men do something?"

　一行は、彫刻のほどこされたオーク材の高い仕切り柵を通り抜け、奥の銀行業務室に入って行った——ジミーも含めて。彼は、アダムズ氏の将来の義理息子としてどこでも歓迎されていたためだ。行員たちは、アナベル嬢と結婚することになっている、かっこよくて、感じのよい、この若い男を喜んで迎えた。ジミーは、スーツケースを下に置いた。幸せと活発な若さで心を沸き立たせているアナベルは、ジミーの帽子をかぶって、スーツケースを拾い上げた。「立派な外交員っぽくないかしら?」アナベルは言った。「まあ! ラルフ、これはなんて重いの? まるで偽の金塊でいっぱいなんじゃないかと思っちゃうわ」「大量のニッケルの靴べらだよ、そこに入ってるのは」と、ジミーは冷静に言った。「返品するやつさ。(自分で)持っていくことで運送料を節約できると思ってね。おれはとても経済的になってきているんだ」

　エルモア銀行は、新しい金庫と金庫室を設置したばかりだった。アダムズ氏はそれを非常に誇りに思っており、皆に見てもらいたがっていた。金庫室は小さいものだったが、新しく特許を取得した扉があった。それは、1つの取っ手で同時に動かせる3つの堅い鋼鉄のかんぬきがかかっており、また、決まった時間にならなければ開けることのできない時限錠が付いていた。アダムズ氏は、その仕組みについて、嬉々としてスペンサー氏に説明し、そのスペンサー氏は、丁重ではあるものの、あまり理解力のある関心を示さないようにしていた。2人の子どもたち、メイとアガサは、ぴかぴかの金属と、奇妙な時計と取っ手に喜んでいた。

　こうして一行が興味を引かれているところに、ベン・プライスがぶらっと入ってきて、片肘で寄りかかり、仕切り柵の間から中をさりげなく見つめた。彼は金銭出納係に、何か用があるわけではない、知り合いを待っているだけだ、と言った。突然、女性の悲鳴が一声二声とあがり、騒動が起きた。大人たちに気付かれずに、9歳の少女メイが、遊び心を持って、アガサを金庫室に閉じ込めてしまったのだ。それから彼女はかんぬきをかけて、アダムズ氏がするのを見たとおりに、ダイヤル錠の取っ手を回してしまっていた。

　年老いた銀行家(=アダムズ氏)は、取っ手に飛びつき、少しの間それを引っ張った。「ドアが開かない」彼はうめいた。「時限錠はまだ(ネジを)巻かれていないし、ダイヤル錠も設定されていないんだ」アガサの母親は、再びヒステリックに叫んだ。

　「静かに!」アダムズ氏が、震える手を上げて言った。「みんな少しの間静かにしてくれ、

アガサ！」彼はできるだけ大きな声で呼びかけた。「聞こえるか」次に続く沈黙の間に、暗い金庫室で恐怖に陥り、狂ったように金切り声を上げる子どものかすかな声が聞こえるだけだった。「私の大事なアガサ！」母親は泣き叫んだ。「あの子、恐怖で死んでしまうわ！ 扉を開けて！ ああ、壊して開けてちょうだい！ 男性陣は何かできないの？」

単語リスト　＜22日目＞

carve	彫刻する	solid	（物質が）密で堅い
oak	オーク材	bolt	かんぬき
railings	〔複数形で〕柵	throw	投げる
banking-room	奥の銀行業務室	simultaneously	同時に
clerk	社員、行員	time-lock	時限錠
greet by	迎える	beamingly	喜びに満ちて
agreeable	感じのよい	courteous	丁重な
bubble with	～で沸き立つ	intelligent	理解力のある
lively	活発な	thus	このようにして
drummer	外交員	engage	（注意・興味を）引く
my	まあ！あら！	saunter	ぶらつく
gold brick	偽金塊	casually	さりげなく
nickel-plated	ニッケルめっきをした	teller	（銀行の）金銭出納係
shoe-horn	靴べら	commotion	（突然起こる）騒動
express	運送便	unperceived	人目に付かない
charge	料金	elder	年長者
awfully	とても	shoot	さっとかける、はずす
vault	金庫室	spring	（すばやく）跳ぶ
insist on	要求する	tug at	力いっぱいに引く
inspection	検査、点検	groan	うめくような声で言う
fasten	（鍵などが）かかる	wind	巻く

hysterically	異常に興奮して	shriek	金切り声を出す
hush	静かに！	precious	大切な
trembling	震えている	wail	〜と泣きながら言う
faint	かすかな	fright	恐怖
wildly	荒々しく、でたらめに		

 学習記録　＜ 22 日目＞

日付	ワード数	ステップ 1 （普通読み）	ステップ 3 （速読 1 回目）	ステップ 4 （速読 2 回目）	ステップ 5 （速読 3 回目）
／	403	分　　秒 （　　　秒） WPM	分　　秒 （　　　秒） WPM	分　　秒 （　　　秒） WPM	分　　秒 （　　　秒） WPM
振り返り					

WPM の計算方法：WPM ＝ワード数 ÷ リーディングタイム（秒）× 60

DAY 23
よみがえった改心 (7)
A RETRIEVED REFORMATION

 英文 < 23 日目> 403 ワード

"There isn't a man nearer than Little Rock who can open that door," said Mr. Adams, in a shaky voice. "My God! Spencer, what shall we do? That child—she can't stand it long in there. There isn't enough air, and, besides, she'll go into convulsions from fright." Agatha's mother, frantic now, beat the door of the vault with her hands. Somebody wildly suggested dynamite. Annabel turned to Jimmy, her large eyes full of anguish, but not yet despairing. To a woman nothing seems quite impossible to the powers of the man she worships.

"Can't you do something, Ralph—try, won't you?" He looked at her with a queer, soft smile on his lips and in his keen eyes. "Annabel," he said, "give me that rose you are wearing, will you?"

Hardly believing that she heard him aright, she unpinned the bud from the bosom of her dress, and placed it in his hand. Jimmy stuffed it into his vest-pocket, threw off his coat and pulled up his shirt-sleeves. With that act Ralph D. Spencer passed away and Jimmy Valentine took his place. "Get away from the door, all of you," he commanded, shortly.

He set his suit-case on the table, and opened it out flat. From that time on he seemed to be unconscious of the presence of any one else. He laid out the shining, queer implements swiftly and orderly, whistling softly to himself as he always did when at work. In a deep silence and immovable, the others watched him as if under a spell.

In a minute Jimmy's pet drill was biting smoothly into the steel door. In ten minutes—breaking his own burglarious record—he threw back the bolts and opened the door. Agatha, almost collapsed, but safe, was gathered into her mother's arms. Jimmy Valentine put on his coat, and walked outside the railings towards the front door. As he went he thought he heard a far-away voice that he once knew call "Ralph!" But he never hesitated.

At the door a big man stood somewhat in his way. "Hello, Ben!" said Jimmy, still with his strange smile. "Got around at last, have you? Well, let's go. I don't know that it makes much difference, now." And then Ben Price acted rather strangely. "Guess you're mistaken, Mr. Spencer," he said. "Don't believe I recognize you. Your buggy's waiting for you, ain't it?" And Ben Price turned and strolled down the street.

「この扉を開けられる者は、リトル・ロックまで行かないといない」と、アダムズ氏は
震える声で言った。「なんてことだ！ スペンサー君、どうしたらいいだろうか？ あの子は
―― そこで長くは耐えられない。空気が足りないうえに、恐怖からひきつけを起こしてし
まうだろうよ」アガサの母親は、今では半狂乱で、金庫の扉を両手で叩いていた。誰か
が荒々しくダイナマイトを提案した。アナベルがジミーの方を向いた。彼女の大きな目は
激しい苦痛に満ちていたが、まだ絶望的ではなかった。女性にとっては、自分が崇敬す
る男性の力をもってすれば、不可能なことは何もない、と思えるようだ。

「なんとかできないかしら、ラルフ―― やってみてくれない？」彼は、唇と鋭い目に、奇
妙で柔らかな笑顔を浮かべながら彼女を見つめた。「アナベル」と、彼は言った。「きみ
が身に着けている、そのバラをもらえないか？」

アナベルは、彼の言ったことを正しく聞き取れたのか信じがたかったが、ドレスの胸元
から（バラの）つぼみのピンをはずし、彼の手に置いた。ジミーはそれをベストのポケッ
トに入れると、コートを脱ぎ捨て、シャツの袖をまくり上げた。その行いとともに、ラルフ・D・
スペンサーは消えて、ジミー・バレンタインに変わっていた。「みなさん、扉から離れてく
ださい」と、彼は手短に命じた。

彼は、例のスーツケースをテーブルの上に置き、それを開いて平らにした。その瞬間か
らは、彼は誰の存在にも気付いていないかのように思われた。彼は、ぴかぴかの奇妙な
道具一式を迅速かつ整然と並べ、仕事中いつもそうしていたように静かに口笛を吹いて
いた。深い沈黙と、誰も身じろぎ一つしないなか、彼らはまるで魔法にかけられたかのよ
うにジミーを見つめていた。

1分後、ジミー愛用のドリルは難なく鋼鉄の扉に食い込んだ。 10分後には―― 彼自身
の金庫破りの記録を破り―― 彼はかんぬきを投げ返して外し、扉を開けた。アガサはほ
とんど衰弱していたが無事で、母親の腕に抱き寄せられた。ジミー・バレンタインは上着
を着ると、仕切り柵の外を歩いて正面玄関に向かった。彼が行く時、聞き覚えのある声
が遠くで「ラルフ！」と呼ぶのが聞こえた気がした。しかし、彼は決して躊躇しなかった。

ドアのところに、大柄の男が幾分彼の行く手を遮るようにして立っていた。「やあ、ベン！」
ジミーは、まだあの奇妙な笑顔を浮かべたまま言った。「ついに捕まっちゃったね？ さあ、
行こうか。今さら（刑期や罰則が）そんなにマシになるかはわからないけど」その時、ベ

ン・プライスはいささか奇妙な行動に出た。「何か思い違いをしているようですね、スペンサーさん」と、彼は言った。「私はあなたに見覚えなんてありません。馬車があなたを待っているんじゃないですか？」そうしてベン・プライスは向きを変えると、通りをぶらぶらと歩いて行った。

単語リスト　＜23日目＞

shaky	震える	implements	〔複数形で〕用具一式
besides	そのうえ	swiftly	迅速に
convulsions	ひきつけ、けいれん	orderly	整然とした
frantic	半狂乱の	whistle	口笛を吹く
anguish	激しい苦痛	immovable	動かない、静止した
despairing	絶望的な	under a spell	呪文をかけられて
worship	崇敬する	pet	愛玩の
queer	風変わりな、妙な	bite	食い込む
keen	鋭い	burglarious	夜盗（罪）の
aright	正しく	throw back	投げ返す
unpin	ピンを抜いてはずす	collapse	倒れる、衰弱する
bud	つぼみ、芽	gather into	抱き寄せる
bosom	胸部	hesitate	躊躇する
stuff...into	…を～に詰め込む	somewhat	やや、幾分
pass away	消滅する	make difference	改善する
command	命令する	rather	やや、多少
presence	存在	recognize	見覚えがある
lay out	広げる	stroll	ぶらつく

学習記録　< 23 日目>

日付	ワード数	ステップ 1 （普通読み）		ステップ 3 （速読 1 回目）		ステップ 4 （速読 2 回目）		ステップ 5 （速読 3 回目）	
／	403	（	分　　秒 秒 ）	（	分　　秒 秒 ）	（	分　　秒 秒 ）	（	分　　秒 秒 ）
			WPM		WPM		WPM		WPM
振り返り									

WPM の計算方法：WPM ＝ワード数 ÷ リーディングタイム（秒）× 60

24 最後の一葉 (1)
THE LAST LEAF

英文 < 24 日目>　429 ワード

In a little district west of Washington Square the streets have run crazy and broken themselves into small strips called "places." These "places" make strange angles and curves. One street crosses itself a time or two. An artist once discovered a valuable possibility in this street. Suppose a collector with a bill for paints, paper and canvas should, in traversing this route, suddenly meet himself coming back, without a cent having been paid on account!

So, to quaint old Greenwich Village the art people soon came prowling, hunting for north windows and eighteenth-century gables and Dutch attics and low rents. Then they imported some pewter mugs and a chafing dish or two from Sixth avenue, and became a "colony."

At the top of a squatty, three-story brick Sue and Johnsy had their studio. "Johnsy" was familiar for Joanna. One was from Maine; the other from California. They had met at the table d'hote of an Eighth street "Delmonico's," and found their tastes in art, chicory salad and bishop sleeves so congenial that the joint studio resulted.

That was in May. In November a cold, unseen stranger, whom the doctors called Pneumonia, stalked about the colony, touching one here and there with his icy fingers. Over on the east side this ravager strode boldly, smiting his victims by scores, but his feet trod slowly through the maze of the narrow and moss-grown "places."

Mr. Pneumonia was not what you would call a chivalric old gentleman. A mite of a little woman with blood thinned by California zephyrs was hardly fair game for the red-fisted, short-breathed old duffer. But Johnsy he smote; and she lay, scarcely moving, on her painted iron bedstead, looking through the small Dutch window-panes at the blank side of the next brick house.

One morning the busy doctor invited Sue into the hallway with a shaggy, gray eyebrow.

"She has one chance in—let us say, ten," he said, as he shook down the mercury in his clinical thermometer. "And that chance is for her to want to live. This way people have of lining-up on the side of the undertaker makes the entire pharmacopeia look silly. Your little lady has made up her mind that she's not going to get well. Has she anything on her mind?"

"She—she wanted to paint the Bay of Naples some day," said Sue.

"Paint?—bosh! Has she anything on her mind worth thinking about twice—a man, for instance?"

"A man?" said Sue, with a jew's-harp twang in her voice. "Is a man worth—but, no, doctor; there is nothing of the kind."

　ワシントン・スクエアの西の小さな地区では、通りは狂ったように延びており、「プレイス」と呼ばれる小さく細長いエリアに分断されていた。これら「プレイス」は、奇妙な角度や曲線を作っていた。1本の通りが、1度や2度、それ自身と交差していたりする。ある絵描きがかつて、この通りに有益な可能性を発見した。絵の具や紙、キャンバスの請求書を持った集金人がこの道を横切って行く時、売掛金の1セントも支払われないまま、突然自身が（来た道に）戻って来てしまったことに気付いたらどうだろうか！

　そういうわけで、この古風で風変わりなグリニッチ・ヴィレッジには、たちまち芸術家たちがうろつき始め、北向きの窓と18世紀風の破風、オランダ風の屋根裏部屋と安い家賃を探し求めるようになった。そして彼らは、白鑞（しろめ）のマグカップやコンロ付き卓上鍋を1つか2つ、六番街から持ち込んで、そこは「（芸術家たちの）居留地」となったのだ。

　ずんぐりした3階建てのレンガ造りの最上階に、スーとジョンジーはアトリエを持っていた。「ジョンジー」はジョアンナの愛称である。1人はメイン州の出身で、もう1人はカリフォルニア州の出身だ。彼らは八番街の「デルモニコ」の定食（を食べている）時に出会い、芸術、チコリ・サラダ、そしてビショップ・スリーヴの好みの相性がとてもよかったため、共同アトリエという結果になった。

　それが5月だった。11月には、医者が「肺炎」と呼ぶ、冷酷で目に見えない客人が、この居留地の周りに蔓延し、その氷のように冷たい指であちこちに触れた。東側では、この破壊者はずうずうしくも大股に歩き、多数の犠牲者を襲ったが、その足取りは、この狭くて苔むした「プレイス」の迷路では、ゆっくりと通っていった。

　肺炎氏は、騎士的な老紳士と呼ぶようなものではなかった。カリフォルニアの西風によって血の気が薄くなった、いたいけな小さな女性は、息を切らして血にまみれた赤いこぶしを持つ老いぼれ（＝肺炎）にとっての、かっこうの的とはとても言えなかった。しかし、そいつはジョンジーを襲った。そして彼女はほとんど動かずに、色を塗った鉄製のベッドの上に横たわり、小さなオランダ風の窓ガラスを通して、隣のレンガ造りの家の側面の何もないところを見ていた。

　ある朝、灰色のもじゃもじゃの眉をした多忙な医者が、スーを廊下に呼んだ。

　「彼女の（助かる）見込みは―― 例えて言うなら10に1でしょうね」と、彼は臨床用の体温計の水銀を（下げるために）振りながら言った。「それに、その見込みも、彼女

216

が生きたいと思うかどうかです。こんな風に、人々が葬儀屋の側に並ぶようでは、どんな薬もばかげて見えますよ。あなたのご友人の女性は、良くならないと決め込んでいる。彼女には心に何か（支えになるようのものは）ありませんか?」

「彼女は──彼女は、いつかナポリ湾を描きたいって」と、スーは言った。

「絵を描く?──ばかげたことを!（そういうことではなくて）何かじっくり考える価値のあるものを心に持っていなんですか? 例えば、男性とか?」

「男性?」スーは、口琴を鳴らすような声で言った。

「男性にそんな価値──いえ、ないです、先生。そんな人はいません」

単語リスト　＜ 24 日目＞

strip	細長い土地	table d'hote	定食
valuable	有益な	taste	好み
collector	集金人	chicory	チコリー
paint	絵の具	bishop sleeve	ビショップ・スリーブ
traverse	横切っていく	congenial	同趣味の
on account	掛け売りで	joint	共同の
quaint	風変わりでおもしろい	result	〜という結果になる
prowl	徘徊する	stranger	見知らぬ人、客
gable	破風	Pneumonia	肺炎
attic	屋根裏部屋	stalk	広がる
rent	家賃	here and there	あちこちに
import	持ち込む	ravager	破壊する人
pewter	白鑞（しろめ）	stride	大股に歩く
chafing dish	こんろ付き卓上鍋	boldly	ずうずうしく
avenue	大街路	smite	襲う
colony	居留地	scores	〔複数形で〕多数
squatty	ずんぐりした	foot	足どり
three-story	3 階建ての	tread	歩く、通る
brick	レンガ	maze	迷路
studio	アトリエ	moss-grown	苔むした、古風な
familiar	親しみがある	chivalric	騎士的な

a mite	少々、若干	let us say	たとえば
thin	やせる	mercury	（温度計の）水銀柱
zephyr	西風	undertaker	葬儀屋
hardly	とても…ない	pharmacopeia	薬物類
fair game	かっこうの的	silly	ばかげた
short-breathed	息切れした	make up one's mind	決め込む
duffer	老いぼれ	Bay of Naples	ナポリ湾
scarcely	ほとんど…ない	bosh	ばかな！
bedstead	ベッドの台	for instance	たとえば
window-pane	窓ガラス	jew's-harp	口琴
hallway	廊下	twang	ボロンと鳴る音
shaggy	もじゃもじゃの		

 学習記録　＜ 24 日目＞

日付	ワード数	ステップ 1 （普通読み）		ステップ 3 （速読 1 回目）		ステップ 4 （速読 2 回目）		ステップ 5 （速読 3 回目）	
／	429	分　秒 （　　秒）		分　秒 （　　秒）		分　秒 （　　秒）		分　秒 （　　秒）	
		WPM		WPM		WPM		WPM	
振り返り									

WPM の計算方法：WPM ＝ワード数 ÷ リーディングタイム（秒）× 60

25
DAY

最後の一葉 (2)
THE LAST LEAF

 英文 ＜25日目＞ 523ワード

"Well, it is the weakness, then," said the doctor. "I will do all that science, so far as it may filter through my efforts, can accomplish. But whenever my patient begins to count the carriages in her funeral procession I subtract 50 per cent. from the curative power of medicines. If you will get her to ask one question about the new winter styles in cloak sleeves I will promise you a one-in-five chance for her, instead of one in ten."

After the doctor had gone Sue went into the workroom and cried a Japanese napkin to a pulp. Then she swaggered into Johnsy's room with her drawing board, whistling ragtime.

Johnsy lay, scarcely making a ripple under the bedclothes, with her face toward the window. Sue stopped whistling, thinking she was asleep.

She arranged her board and began a pen-and-ink drawing to illustrate a magazine story. Young artists must pave their way to Art by drawing pictures for magazine stories that young authors write to pave their way to Literature.

As Sue was sketching a pair of elegant horseshow riding trousers and a monocle on the figure of the hero, an Idaho cowboy, she heard a low sound, several times repeated. She went quickly to the bedside.

Johnsy's eyes were open wide. She was looking out the window and counting—counting backward.

"Twelve," she said, and a little later "eleven;" and then "ten," and "nine;" and then "eight" and "seven," almost together.

Sue looked solicitously out the window. What was there to count? There was only a bare, dreary yard to be seen, and the blank side of the brick house twenty feet away. An old, old ivy vine, gnarled and decayed at the roots, climbed half way up the brick wall. The cold breath of autumn had stricken its leaves from the

220

vine until its skeleton branches clung, almost bare, to the crumbling bricks.

"What is it, dear?" asked Sue.

"Six," said Johnsy, in almost a whisper. "They're falling faster now. Three days ago there were almost a hundred. It made my head ache to count them. But now it's easy. There goes another one. There are only five left now."

"Five what, dear. Tell your Sudie."

"Leaves. On the ivy vine. When the last one falls I must go, too. I've known that for three days. Didn't the doctor tell you?"

"Oh, I never heard of such nonsense," complained Sue, with magnificent scorn. "What have old ivy leaves to do with your getting well? And you used to love that vine so, you naughty girl. Don't be a goosey. Why, the doctor told me this morning that your chances for getting well real soon were—let's see exactly what he said—he said the chances were ten to one! Why, that's almost as good a chance as we have in New York when we ride on the street cars or walk past a new building. Try to take some broth now, and let Sudie go back to her drawing, so she can sell the editor man with it, and buy port wine for her sick child, and pork chops for her greedy self."

「そうですか、それは困りましたね」と、医師は言った。「自分の努力を通してできる限り、科学が成し遂げられることは全てするつもりです。ただ、どんな時でも、患者が自分の葬式の列に並ぶ車を数え始めたら、薬の治癒力は 50 パーセント減ですよ。もしあなたが彼女に対し、この冬の外套の袖のスタイルについての質問をさせることでもできれば、彼女の助かる見込みは 10 に 1 ではなく、5 に 1 になることを約束するんですが」

医者が去った後、スーは仕事部屋に入り、日本製のナプキンがぐしゃぐしゃになるまで泣いた。それから彼女は画板を持って、ラグタイムの曲を口笛で吹きながら、元気のよい足取りでジョンジーの部屋に入った。

ジョンジーは、窓のほうに顔を向けたまま、掛け布団の下でさざ波一つ立てずに、横になっていた。スーは、彼女が眠っていると思い、口笛を吹くのをやめた。

スーは画板を配置すると、雑誌小説の挿し絵用のペン画を描き始めた。若い絵描きは、若い作家が文学への道を切り拓くために書く雑誌小説のための挿し絵を描くことで、芸術への道を切り拓かなければならないのだ。

スーが小説の主人公であるアイダホのカウボーイの姿に、馬の品評会用の優雅な乗馬ズボンと片眼鏡を描き加えている時、何度も繰り返される低い声が聞こえてきた。スーはすぐに病人の枕元に行った。

ジョンジーの目は大きく開いていた。彼女は窓の外を見て、数を数えていた ──（大きい数字から小さい数字へと）逆に数えていた。

「12」と彼女は言い、少しして「11」と言った。それから「10」、「9」。そして「8」と「7」はほぼ同時に。

スーは、心配で気遣う様子で窓の外を見た。何か数えるものなどあっただろうか？ 見えるのは、がらんとした物寂しい庭と、20 フィート離れたところにレンガ造りの家の何もない外壁があるだけだ。根元の腐ったふしだらけの古い古いツタのつるが、レンガの壁の半分辺りまで這い上がっていた。

秋の冷たい息が、その葉をつるから叩き落とし、ほとんど葉のない骸骨のようなその枝は、崩れかけのレンガ壁にぴったりとくっついていた。

「何なの、ジョンジー？」スーは尋ねた。

「6」ジョンジーは、ほとんどささやき声で言った。「落ちるのが早くなってるわ。3 日

前には 100 枚近くあったのよ。数えていると頭が痛くなったもの。でも今は簡単。もう
一枚落ちたわ。これで残り 5 枚ね」

　「何が 5 枚なの、スーディーに教えてちょうだい」

　「葉っぱよ。ツタのつるについてる。最後の一枚が落ちる時、私も行かなければならな
い。私は 3 日前からわかってたわ。お医者さんはあなたに言わなかった?」

　「まあ、そんなばかげた考え聞いたことないわ」スーは壮大な軽蔑を込めて不平を言っ
た。「古いツタの葉とあなたが良くなることに何の関係があるっていうの? それに、あな
たはあのツタの葉が大好きだったじゃない、おばかさんね。愚かなことを言わないでちょ
うだい。ええっと、お医者さんだって今朝私に言ったのよ、あなたがすぐに良くなる見込
みは──そうね、彼が正確に何て言っていたかというと、見込みは 1 に 10 だと言ってい
たわ! ほら、それって、私たちがニューヨークにいて、市外電車に乗ったり、新しいビル
を通り過ぎるのと同じくらい高い確率じゃない。さあ、スープを飲んで、そしてスーディー
を絵に戻らせてちょうだい。そうすれば、これを編集者に売って、病気の子のためにはポー
トワインを、食いしんぼうの私自身のためにはポークチョップを買うことができるわ」

単語リスト　＜25日目＞

so far as	〜の限りでは	Literature	文学
filter	染み通る	horseshow	馬の品評会
accomplish	成し遂げる	riding trousers	乗馬ズボン
carriage	乗り物、車	monocle	片眼鏡
funeral	葬式の	figure	姿
procession	行列	Idaho	アイダホ州
subtract...from	…を〜から減じる	backward	逆に
curative	治療の	solicitously	気遣う態度で
cloak	外套	bare	がらんとした
workroom	仕事部屋	dreary	物寂しい
a pulp	どろどろしたもの	vine	つる
swagger	威張って歩く	gnarled	ふしだらけの
drawing board	画板	decayed	腐った
whistle	口笛を吹く	strike...from	…を〜から叩き落とす
ragtime	ラグタイム	branch	木の枝
ripple	さざ波	cling to	くっつく
bedclothes	寝具	bare	（木が）葉のない
arrange	整える	crumble	ぼろぼろに崩れる
pen-and-ink drawing	ペン画	nonsense	ばかげた考え
illustrate	さし絵を入れる	complain	不平を言う
pave the way to	〜への道を開く	magnificent	壮大な

scorn	軽蔑	broth	薄いスープ
have to do with	～と関係がある	editor	編集者
naughty	いたずら好きな	port wine	ポートワイン
goosey	愚かさを持つもの	chop	小さな肉片
Why	ええっと	greedy	食いしんぼうの
let's see	ええと、そうね		

 学習記録　＜ 25 日目＞

日付	ワード数	ステップ 1 （普通読み）	ステップ 3 （速読 1 回目）	ステップ 4 （速読 2 回目）	ステップ 5 （速読 3 回目）
／	523	分　　秒 （　　　秒） WPM	分　　秒 （　　　秒） WPM	分　　秒 （　　　秒） WPM	分　　秒 （　　　秒） WPM
振り返り					

WPM の計算方法：WPM ＝ワード数 ÷ リーディングタイム（秒）× 60

最後の一葉 (3)
THE LAST LEAF

 英文 ＜26日目＞ 473 ワード

"You needn't get any more wine," said Johnsy, keeping her eyes fixed out the window. "There goes another. No, I don't want any broth. That leaves just four. I want to see the last one fall before it gets dark. Then I'll go, too." "Johnsy, dear," said Sue, bending over her, "will you promise me to keep your eyes closed, and not look out the window until I am done working? I must hand those drawings in by tomorrow. I need the light, or I would draw the shade down."

"Couldn't you draw in the other room?" asked Johnsy, coldly.

"I'd rather be here by you," said Sue. "Besides I don't want you to keep looking at those silly ivy leaves."

"Tell me as soon as you have finished," said Johnsy, closing her eyes, and lying white and still as a fallen statue, "because I want to see the last one fall. I'm tired of waiting. I'm tired of thinking. I want to turn loose my hold on everything, and go sailing down, down, just like one of those poor, tired leaves."

"Try to sleep," said Sue. "I must call Behrman up to be my model for the old hermit miner. I'll not be gone a minute. Don't try to move 'till I come back."

Old Behrman was a painter who lived on the ground floor beneath them. He was past sixty and had a Michael Angelo's Moses beard curling down from the head of a satyr along the body of an imp. Behrman was a failure in art. Forty years he had wielded the brush without getting near enough to touch the hem of his Mistress's robe. He had been always about to paint a masterpiece, but had never yet begun it. For several years he had painted nothing except now and then a daub in the line of commerce or advertising. He earned a little by serving as a model to those young artists in the colony who could not pay the price of a professional. He drank gin to excess, and still talked of his coming masterpiece. For the rest he was a fierce little old man, who scoffed terribly at softness in any one, and who regarded himself as especial mastiff-in-waiting to protect the two young artists in the studio above.

　Sue found Behrman smelling strongly of juniper berries in his dimly lighted den below. In one corner was a blank canvas on an easel that had been waiting there for twenty-five years to receive the first line of the masterpiece. She told him of Johnsy's fancy, and how she feared she would, indeed, light and fragile as a leaf herself, float away when her slight hold upon the world grew weaker.

　Old Behrman, with his red eyes, plainly streaming, shouted his contempt and derision for such idiotic imaginings.

　「これ以上ワインを買う必要はないわ」ジョンジーは、窓の外にじっと目を向けたまま言った。「もう 1 枚落ちた。いいえ、スープもいらないわ。残りは 4 枚だけ。私は、暗くなる前に最後の 1 枚が落ちるのを見たいの。そうしたら私も行くわ」「ジョンジー」スーは、彼女のほうにかがんで言った。「目を閉じて、私が仕事を終えるまで、窓の外を見ないと約束してくれない？ 明日までにこれらの絵を渡さないといけないの。明かりが必要なのよ、そうでなきゃブラインドを降ろしてしまうんだけど」

　「他の部屋で描けないの？」と、ジョンジーは冷ややかに尋ねた。

　「ここのほうがいいの、あなたの近くのほうが」と、スーは言った。「それに、あなたにこのばかげたツタの葉を見続けてほしくないわ」

　「終わったらすぐ教えてちょうだい」ジョンジーはそう言って目を閉じ、白い顔で、倒れた銅像のようにじっと動かず横たわっていた。「最後の 1 枚が落ちるのを見たいから。もう待つのがうんざりなの。考えるのもうんざりだわ。抱えている全てのものを解放して、下へ下へ落ちていきたいのよ、ちょうどこの哀れでくたびれた葉のように」

　「もう寝なさい」と、スーは言った。「年老いた世捨て人の炭鉱夫のモデルになってもらうために、バーマンさんを呼ばなきゃならないの。すぐに戻ってくるわ。戻るまで動かないでいてね」

　バーマン老人は、2 人の下の 1 階に住んでいる絵描きだった。彼は 60 歳過ぎで、ミケランジェロのモーゼ像のようなあごひげを、まるでサテュロスのような頭部から、小鬼のような身体に沿って巻いて垂らしていた。バーマンは、芸術において失敗者だった。40 年もの間、画筆を握ってきたが、芸術の女神の裳裾にすら触れることもできずにいたのだ。彼はいつも傑作を描こうとしてきたが、描き始めたことはまだ一度もなかった。彼は数年の間、時々描く商業用や広告用の下手な絵以外は何も描いていなかった。彼は、プロ（のモデル）への代金を払うことができない居留地の若い画家に対して、モデルとして役に立つことで少し稼いでいた。彼は、度を超すほどジンを飲んでは、なお、彼の来たる傑作について話すのだった。その他については、彼はどう猛なところのある小柄な老人であり、人の柔和さをばかにしており、自分のことを、上のアトリエの 2 人の若い芸術家を守るために仕える特別なマスチフ犬だと思っていた。

　スーは、ジュニパーベリーの強い匂いをさせているバーマンを、階下の薄暗くむさ苦

しい部屋で見つけた。部屋の一角には、イーゼルに乗せられた白紙のキャンバスがあり、それは傑作の最初の画線を受け入れるのを 25 年間そこで待っていた。スーは、ジョンジーの空想について彼に話した。それから、彼女がこの世にしがみつくわずかな力がさらに弱くなってしまったら、軽くてはかない葉のように、本当に漂いながら遠くへ行ってしまいそうで、彼女がどんなにそれを恐れているか、ということも。

　バーマン老人は、赤い目をして、明らかに涙と思われるものを流しながら、そのようなばかばかしい想像に対して、軽蔑とあざけりの気持ちを込めて叫んだ。

needn't	need not の短縮形	wield	（道具を）用いる
fix	じっと向けられる	brush	画筆
bend over	身をかがめる	hem	（衣服の）縁
hand	（人に）手渡す	Mistress	（比喩的に）女王
draw	引っぱって下ろす	masterpiece	傑作
shade	日よけ、ブラインド	now and then	時々
would rather	〜よりはむしろ喜んで	daub	下手な絵
besides	それに	commerce	商業
still	じっとした	advertising	広告
turn loose	〜を解放する	serve as	〜として役に立つ
sail	帆走する	gin	ジン（蒸留酒の一種）
poor	哀れな	to excess	過度に
hermit	世捨て人	For the rest	その他については
miner	炭坑夫	fierce	どう猛な、激しい
ground floor	1 階	scoff at	ばかにする
beneath	〜の下に	softness	柔和
Michael Angelo's Moses	ミケランジェロのモーゼ像	regarded ... as	…を〜とみなす
beard	あごひげ	especial	特別な
satyr	半人半獣の自然の精霊	mastiff	マスティフ
imp	小鬼	in waiting	仕えて
failure	失敗者	juniper berry	ジュニパーベリー

dimly	薄暗く	float	漂う
den	むさ苦しい部屋	slight	わずかな
easel	イーゼル、画架	plainly	明白に、はっきりと
fancy	思いつき、空想	stream	（涙などを）流す
fear	恐れる	contempt	軽蔑
indeed	本当に	derision	あざけり
fragile	はかない	idiotic	ばかばかしい

 学習記録　< 26 日目>

日付	ワード数	ステップ1 （普通読み）	ステップ3 （速読1回目）	ステップ4 （速読2回目）	ステップ5 （速読3回目）
／	473	分　　秒 （　　　秒） WPM	分　　秒 （　　　秒） WPM	分　　秒 （　　　秒） WPM	分　　秒 （　　　秒） WPM
振り返り					

WPM の計算方法：WPM ＝ワード数 ÷ リーディングタイム（秒）× 60

最後の一葉（4）
THE LAST LEAF

英文 ＜27日目＞　462ワード

＊この回の Mr.Behrman のセリフは、訛りのため一部正しい英語になっていませんが、原文のままにしています。日本語訳を参考にして、大体の意味がわかった状態で速読をしましょう。

"Vass!" he cried. "Is dere people in de world mit der foolishness to die because leafs dey drop off from a confounded vine? I haf not heard of such a thing. No, I will not bose as a model for your fool hermit-dunderhead. Vy do you allow dot silly pusiness to come in der prain of her? Ach, dot poor little Miss Johnsy."

"She is very ill and weak," said Sue, "and the fever has left her mind morbid and full of strange fancies. Very well, Mr. Behrman, if you do not care to pose for me, you needn't. But I think you are a horrid old—old flibbertigibbet."

"You are just like a woman!" yelled Behrman. "Who said I will not bose? Go on. I come mit you. For half an hour I haf peen trying to say dot I am ready to bose. Gott! dis is not any blace in which one so goot as Miss Yohnsy shall lie sick. Some day I vill baint a masterpiece, and ve shall all go away. Gott! yes."

Johnsy was sleeping when they went upstairs. Sue pulled the shade down to the window-sill, and motioned Behrman into the other room. In there they peered out the window fearfully at the ivy vine. Then they looked at each other for a moment without speaking. A persistent, cold rain was falling, mingled with snow. Behrman, in his old blue shirt, took his seat as the hermit-miner on an upturned kettle for a rock.

When Sue awoke from an hour's sleep the next morning she found Johnsy with dull, wide-open eyes staring at the drawn green shade.

"Pull it up; I want to see," she ordered, in a whisper.

Wearily Sue obeyed.

But, lo! after the beating rain and fierce gusts of wind that had endured through the livelong night, there yet stood out against the brick wall one ivy leaf. It was the last on the vine. Still dark green near its stem, but with its serrated edges tinted with the yellow of dissolution and decay, it hung bravely from a branch some twenty feet above the ground.

"It is the last one," said Johnsy. "I thought it would surely fall during the night. I heard the wind. It will fall today, and I shall die at the same time."

"Dear, dear!" said Sue, leaning her worn face down to the pillow, "think of me, if you won't think of yourself. What would I do?"

But Johnsy did not answer. The lonesomest thing in all the world is a soul when it is making ready to go on its mysterious, far journey. The fancy seemed to possess her more strongly as one by one the ties that bound her to friendship and to earth were loosed.

「何だと！」彼は叫んだ。「あんな忌々しいつるから葉が落ちるからって、死ぬと思う愚かもんが、この世界中のどこにいるってんだ？　そんなこと聞いたことない。いいや、あんたのばかげたのろま世捨て人のモデルなんてやってられん。どうしてあんたは、そんなばかげたことが彼女の頭の中に浮かぶのを許せるんだ？　ああ、哀れな小さなジョンジーさん」

「彼女、すごく具合が悪くて弱っているのよ」と、スーは言った。「だから、発熱が彼女の心を病的にして、奇妙な空想でいっぱいにさせたままにしているんだわ。いいわ、バーマンさん、あなたが私のためにポーズをとる気がないなら、する必要はないわ。でもあなたって本当に嫌な年寄りの――おしゃべりで軽薄な老人ね」

「あんたはまさに女性っぽいね！」バーマンは大声をあげた。「誰がモデルをやらんと言った？　行って。あんたと一緒に行くから。30 分もの間、モデルになる用意はできとると言おうと思ってたさ。ああ！　ここは、ジョンジーさんのような善良な人が、病気で横になるような場所じゃないな。そのうち私が傑作を描いて、みんなで出ていこうじゃないか。ああ、それがいい！」

彼らが上の階へ行ったとき、ジョンジーは眠っていた。スーは日よけを窓台まで引き下げ、バーマンにもう 1 つの部屋に入るよう合図をした。その部屋で、彼らは恐る恐る窓の外のツタのつるをじっと見た。それから彼らは、黙ったまま一瞬互いに顔を見合わせた。雪の入り混じった、絶え間ない冷たい雨が降り続けていた。バーマンは古い青いシャツを着て、岩用にひっくり返した大鍋の上に世捨て人の炭坑夫として座った。

翌朝、スーが 1 時間の睡眠から目覚めた時、ジョンジーはぼんやりとした目を大きく見開いて、降ろされた緑色のブラインドを見つめていた。

「ブラインドを上げてちょうだい。見たいの」と、彼女はささやき声で頼んだ。

スーは疲れた様子で従った。

ところが、ご覧！　打ちつける雨と激しい突風にもかかわらず、この長い夜を通して持ちこたえて、1 枚のツタの葉がまだレンガの壁にくっついてがんばっていたのだ。それは、つるについている最後の 1 枚だった。その茎の辺りは、まだ深い緑色をしていたが、その葉のギザギザした縁は死滅と腐敗の黄色をしており、地面から約 20 フィートの枝から勇敢にもぶら下がっていた。

　「これが最後の1枚ね」ジョンジーは言った。「私、今晩中に間違いなく落ちると思っていたわ。風が聞こえてたの。これも今日には落ちるだろうし、それと同時に私も死ぬのね」

　「あらまあ」スーは、疲れ果てた顔を枕に沈めながら言った。「自分のことを考える気がないのなら、私のことを考えてちょうだいよ。（もしあなたが死んでしまったら）私はどうしたらいいっていうの？」

　しかし、ジョンジーは答えなかった。この世で最も寂しいものは、神秘的で遠い旅に出る準備をしている時の魂だ。彼女を友情やこの地と結びつけている繋がりが、一つひとつゆるんでいくにつれて、この空想は彼女をより強くとらえるように思われた。

confound	のろう	lo	見よ！
dunderhead	のろま、ばか	after	〜にもかかわらず
morbid	病的な	gust	突風
care to (do)	〜したいと思う	endure	持ちこたえる
horrid	本当に嫌な	livelong	（時が）長い
flibbertigibbet	おしゃべりで軽薄な人	stand out	あくまでがんばる
yell	大声をあげる、どなる	stem	茎
window-sill	窓台	serrated	のこぎり歯状の
motion	身ぶりで合図する	tint	色をつける
peer	じっと見る	dissolution	死滅
persistent	絶え間ない	lean	もたれる
mingle with	入り混じる	wear away	疲れ果てた、やつれた
upturn	ひっくり返す	lonesome	寂しい
dull	ぼんやりした	possess	とらえる
stare at	じっと見つめる	one by one	一つひとつ
wearily	疲れて	tie	つながり、絆
obey	（人に）従う	bind ... to	…に〜を結びつける

236

学習記録　＜ 27 日目＞

日付	ワード数	ステップ 1 （普通読み）	ステップ 3 （速読 1 回目）	ステップ 4 （速読 2 回目）	ステップ 5 （速読 3 回目）
╱	462	分　　秒 （　　　秒） WPM	分　　秒 （　　　秒） WPM	分　　秒 （　　　秒） WPM	分　　秒 （　　　秒） WPM
振り返り					

WPM の計算方法：WPM ＝ワード数 ÷ リーディングタイム（秒）× 60

DAY 28
最後の一葉 (5)
THE LAST LEAF

📖 英文 ＜28日目＞ 460 ワード

The day wore away, and even through the twilight they could see the lone ivy leaf clinging to its stem against the wall. And then, with the coming of the night the north wind was again loosed, while the rain still beat against the windows and pattered down from the low Dutch eaves.

When it was light enough Johnsy, the merciless, commanded that the shade be raised.

The ivy leaf was still there.

Johnsy lay for a long time looking at it. And then she called to Sue, who was stirring her chicken broth over the gas stove.

"I've been a bad girl, Sudie," said Johnsy. "Something has made that last leaf stay there to show me how wicked I was. It is a sin to want to die. You may bring me a little broth now, and some milk with a little port in it, and—no; bring me a hand-mirror first, and then pack some pillows about me, and I will sit up and watch you cook."

An hour later she said.

"Sudie, some day I hope to paint the Bay of Naples."

The doctor came in the afternoon, and Sue had an excuse to go into the hallway as he left.

"Even chances," said the doctor, taking Sue's thin, shaking hand in his. "With good nursing you'll win. And now I must see another case I have downstairs. Behrman, his name is—some kind of an artist, I believe. Pneumonia, too. He is an old, weak man, and the attack is acute. There is no hope for him; but he goes to the hospital today to be made more comfortable."

The next day the doctor said to Sue: "She's out of danger. You've won. Nutrition and care now—that's all."

And that afternoon Sue came to the bed where Johnsy lay, contentedly knitting a very blue and very useless woolen shoulder scarf, and put one arm around her, pillows and all.

"I have something to tell you, white mouse," she said. "Mr. Behrman died of pneumonia today in the hospital. He was ill only two days. The janitor found him on the morning of the first day in his room downstairs helpless with pain. His shoes and clothing were wet through and icy cold. They couldn't imagine where he had been on such a dreadful night. And then they found a lantern, still lighted, and a ladder that had been dragged from its place, and some scattered brushes, and a palette with green and yellow colors mixed on it, and—look out the window, dear, at the last ivy leaf on the wall. Didn't you wonder why it never fluttered or moved when the wind blew? Ah, darling, it's Behrman's masterpiece—he painted it there the night that the last leaf fell."

日が暮れ、たそがれ時になったにもかかわらず、2人は、たった1枚のツタの葉が壁を背にその茎にくっついているのを見ることができた。そして、夜が来るとともに、北風が再び吹き荒れ、雨はあいかわらず窓を叩きつけ、低いオランダ風の軒からパラパラと音を立てて（滴を）落としていた。

　明るくなると、容赦ないジョンジーは、ブラインドを上げるように命じた。

　ツタの葉はまだそこにあった。

　ジョンジーは横になって、長い間それを見ていた。それから彼女は、ガスストーブの上でチキンスープをかき混ぜていたスーを呼んだ。

　「私、悪い子だったわ、スーディー」と、ジョンジーは言った。「私がどれだけ間違っているかを示すために、何かがあの最後の葉をそこにとどめておいてくれたのね。死にたいだなんて罰当たりだったわ。スープを少し私に持ってきてくれるかしら、それからポートワインを少し入れたミルクも。あと──いいえ、最初に手鏡を持ってきてちょうだい。それから私の周りに枕を寄せ集めてほしいの。そうすれば、私は身体を起こして、あなたが料理するのを見られるでしょ」

　1時間後、彼女は言った。

　「スーディー、私いつかナポリ湾を描きたいわ」

　医者は午後にやって来た。そしてスーは、医者が去る時、口実を作って廊下に出た。

　「（助かる）見込みは五分五分でしょう」医者は、震えるスーのやせた手を取りながら言った。「良い看病があればあなたが勝つでしょう。さてと、私は階下でもう一人患者を診ないといけないんですよ。バーマンという名前でしてね、絵描きのような人だと思います。彼も肺炎ですよ。年老いて弱っている男性で、発病が急性でしてね。彼に望みはないのですが、今よりも楽にはなるだろうから、今日入院するんです」

　翌日、医者はスーに言った。「彼女は危機を脱しましたよ。あなたの勝ちです。今は栄養と、世話をすること──それだけですよ」

　そしてその日の午後、ジョンジーがベッドで横になりながら、とても青くて、全然役に立たなさそうな羊毛の肩掛けを満足そうに編んでいると、スーがそのベッドのところにやって来て、枕ごとジョンジーに片腕を回した。

　「あなたに話したいことがあるの」と、スーは言った。「バーマンさんが肺炎で、今日病

院で亡くなったの。病気だったのはたった 2 日間よ。管理人が、その最初の日の朝、痛みでどうすることもできなくなっている彼を、階下の彼の部屋で見つけたの。彼の靴と服はびしょ濡れで、氷のように冷たかったって。あんなひどい夜に彼がどこにいたのか、誰も想像できなかったわ。それから、まだ火の灯っているカンテラが見つかったの。それと、いつもの場所から引きずり出された梯子、散らかった画筆、緑色と黄色（の絵の具）を混ぜたパレット、それから──窓の外を見てごらんなさい、ほら、あの壁にある最後のツタの葉を。どうして風が吹いた時にも、あの葉がはためいたり、動いたりしないのか不思議に思ったことはなかった？　ああ、ジョンジー、これはバーマンさんの傑作よ──彼があそこに描いたのよ、最後の一葉が落ちたあの夜に」

単語リスト　＜28日目＞

wear away	すり減る	acute	急性の
twilight	たそがれ時	nutrition	栄養摂取
loose	解き放つ	contentedly	満足そうに
patter	パラパラと音を立てる	knit	編む
eaves	（家の）軒	woolen	羊毛の
merciless	容赦ない	janitor	（ビルなどの）管理人
command	～するように命じる	helpless	どうすることもできない
stir	かき回す	wet through	びしょ濡れになって
wicked	邪悪な	dreadful	ひどい、嫌な
sin	ばち当たりなこと	lantern	カンテラ
even	同じの	drag ... from	…を～から引き出す
case	患者	scattered	散らばった
downstairs	階下の	palette	パレット
attack	発病	wonder	～かしらと思う

学習記録　＜ 28 日目＞

日付	ワード数	ステップ 1 （普通読み）	ステップ 3 （速読 1 回目）	ステップ 4 （速読 2 回目）	ステップ 5 （速読 3 回目）
╱	460	分　秒 （　　秒）	分　秒 （　　秒）	分　秒 （　　秒）	分　秒 （　　秒）
		WPM	WPM	WPM	WPM
振り返り					

WPM の計算方法：WPM ＝ワード数 ÷ リーディングタイム（秒）× 60

CHAPTER

4

第4章

ボキャビルで
洋書に必要な
単語力をつけよう

ボキャビルで
洋書に必要な単語力をつけよう

　第2章で速読力を身に付けるための速読トレーニングの方法を紹介し、第3章では28日分の速読トレーニング実践用教材を収録しました。続く本章では、リーディングに必要な単語力を効率的にアップしていくためのボキャビルの方法と「洋書を読むためにまず覚えるべき厳選1000単語リスト」を紹介します。

単語力が低くてもリーディングはできる？

　すでに実感している人も多いと思いますが、単語力はリーディング力に直結します。リーディング力を伸ばしたければ、決して避けて通れないのが単語力強化です。

　第1章でお伝えしたように、これまでそれなりに英語学習をしてきた日本人の平均的な単語力は5000語程度だと思われます。そして、ネイティブは少ない人でも2万語の単語力を持っています。そうなると、私たち日本人とネイティブとは、少なくとも4倍の単語力の差があるわけです。この差を意識的に埋めることなく、リーディング力を上げていくことは可能なのでしょうか。

　わからない単語があっても、推測しながら読めばいい、という人もいるかもしれません。しかし、前述のように、英文をストレスなく読むためには、出てくる単語のうち95%の単語を知っている必要があると言われています。つまり、知らない単語が5%を超えると推測しながら読むのはかなり厳しくなり、ストレスを感じるということです。第1章で読んでいただいた『赤毛のアン』の一部（188ワード）の場合、10個以上知らない単語があれば、もうストレスを感じてしまうわけです。単語を知っていればいるほど、読むのが楽になるのは間違いありません。

　英語を母国語とする子どもたちと同じように、最初はわからない単語がたくさんあっても、大量に読んでいくことで自然と単語力を上げていくことができる人もいます。そうしたやり方は理想的ではありますが、ネイティブに近い単語力を身に付けるのに、おそらく何年も時間がかかりますし、わからない単語にこだわらずに読んでいく力が必要になります。また、特に意識的に単語の暗記をしようとしていなくても、英文を読む中で頻繁に出会う単語については、何度か意味を確認すれば、自然と覚えていくこともありますよね。しかし、こうしたやり方も、単語力アップにかなり時間がかかりますし、同じ単語を何度も調べることになると、嫌気がさしてモチベーションが下がってしまうかもしれません。ですから、限られた時間の中で効率的に単語力を上げたい人には、意識的かつ計画的なボキャビルを行うことをおすすめします。

単語力には「広さ」と「深さ」がある

　一言で「単語力を上げる」と言っても、実は２つの軸があります。それは「広さ」と「深さ」です。「広さ」は、どのくらいの数の単語を知っているかです。一般的に単語力の話になると、この「広さ」を指すことが多いですね。「深さ」とは、１つの単語について、どのくらい詳しく知っているか、ということです。たとえば、主な意味だけでなく、他の意味も知っているか、発音も正しく知っているか、使い方までわかっているか、といったことがあります。

　たとえば、firm という単語については、以下のように深く知っていくことができます。

> **主な意味**：会社・事務所（名詞）
> **その他の意味**：堅い・頑丈な（形容詞）、固まる・安定する（動詞）
> **発音**：[fˈɚːm]
> **使い方**：a law firm（法律事務所）、firm belief（確固たる信念）など

もちろん、単語力を上げたければ、広さも深さも追い求めていくことが必要なのですが、同時に両方を得ようとするのは効率的ではありません。リーディング力アップのためには、まずは知っている単語数を増やす、つまり広さにフォーカスして単語力を上げるのが効率的です。主な意味を知っていれば、それに関連づけて他の意味を覚えていけることが多いからです。発音は、意味を覚えるときに、一緒に正しく覚えてしまいたいものですが、「聞いて瞬時にわかるレベル」になるには、その単語を聞き慣れていることが必要です。ですので、最初は「できるだけ正しい発音で覚える」というレベルでいいでしょう。また、いきなりその単語の使い方まで確認しながら覚えようとすると、ひとつの単語を覚えるのにかなりの時間がかかってしまいます。ですので、まずは「主な意味」を知っている単語を増やしていくのがおすすめです。

単語の広さと深さ

広さ　（どのくらいの単語を知っているか）

深さ　（どのくらい詳しく知っているか）

主な意味

他の意味

ニュアンス

発音

使い方

コロケーション

248

　前述のように、英語の習得はインプットからアウトプット、という順序で進んでいきますので、まずはインプットする＝「読んでわかる」という状態を目指します。洋書などをリーディングして、さまざまな文脈で何度もその単語を目にしていくと、主な意味以外の意味も覚えていくことができたり、こんなふうに使うのか、こういう言葉と一緒に使うことが多いのか、といったこともだんだんわかってきます。また、音声でも聞く機会があると、発音もしっかり定着していきます。そのようにして、深さのほうは時間をかけて後から追求していくことができます。ですから、まずは「広さ」にフォーカスして、できるだけたくさんの単語について、主な意味がわかる、という状態を目指しましょう。

　速読トレーニングで速読意識を身に付け、精読的読み方から離れることができた人は、こういったボキャビルを継続的に行いながら、それと並行して洋書など読みたいものをどんどん読んでいくことで、「ボキャビルで覚えた単語がリーディングで出てくる」→「リーディングが楽になる」→「リーディング量が増える＆ボキャビルのモチベーションも上がる」→「さらにボキャビルを続けられる」という好循環に入っていくことができます。この章を参考に、その好循環への第一歩を踏み出しましょう。

記憶の仕組みを知って効率的に単語を暗記する

単語暗記のさまざまな方法

　あなたは普段、単語を覚えるとき、どのような方法で覚えていますか。最近、意識的に単語を覚えていないという人は、学生時代のテスト勉強を思い出してください。単語を見る、音を聞く、声に出して読む、書く、絵をイメージする、例文を作る、など色々な方法がありますよね。一体どのような方法が効果的なのでしょうか。

「単語を見る」のは、一番時間がかからず、楽な方法です。しかし、一度見るだけで覚えられる単語は、印象的なスペルだったり、外来語として日本語にもなっていたり、知っている単語の派生語だったりと、何かしらヒントがあって覚えやすい単語です。そうしたヒントが何もない単語は、何度も復習をする必要があり、結局は時間をかけることになります。また、時間をかけて覚えても、定着しているかどうかわからず、確実性が低いのが難点です。

　「音を聞く」のは、正しい発音を一緒に覚えられるというメリットがあります。ですので、しっかりインプットすれば、リーディングで読めるだけではなく、リスニングでも聞き取れる単語になっていきます。しかし、音を聞くのに適した場所や道具が必要で、少し面倒ですし、音を聞かなければいけない分、時間もかかります。また、「単語を見る」のと同様、覚えにくいものについては繰り返しの暗記が必要だったり、確実性がやや低い点がデメリットです。

　「声に出して読む」のは、自分の口を能動的に動かして、発音も確認しながら行うので、印象に残りやすくなります。リーディングやリスニングだけでなく、スピーキングに使いたい場合には、声に出して読むのが効果的です。しかし、こちらも声を出せる場所で行う必要がありますし、発音を確認する分、時間と手間がかかります。見るだけ、聞くだけよりは覚えやすくなりますが、やはり覚えにくいものについては繰り返しが必要になるでしょう。

　「書く」のも、能動的に手を動かす分、印象には残りやすくなります。特に、ライティングのためにスペルも一緒に覚えたい場合には、書いて覚えるのは効果的です。しかし、声に出して読むよりも、さらに時間がかかりますし、手が疲れるというデメリットもあります。

　「絵をイメージする」のは、非常に印象に残りやすく、効果的な方法です。イメージするのが得意でない人は、Googleの画像検索を使って、覚えやすい絵や写真を見つけるという方法もあります。ただ、自分でイメージするとしても、画像検索で探すとしても、かなり時間がかかります。また、イメージしにくい単語もありますので、全ての単語について使うのではなく、イメージしやすい単語に使

うといいですね。イメージするだけでなく、自分で絵を描くと、さらに印象に残ります。上手な絵である必要はありませんので、試してみましょう。

　「**例文を作る**」のは、とても印象に残りますし、ライティングやスピーキングなどのアウトプットにも使える単語になりやすい、というメリットがあります。ただ、これまでに見てきた 5 つの方法よりも、時間と手間がずっとかかります。例文を作る際には、どのような使い方をするのか、辞書の例文を見て参考にしたり、自分が作りたい文を考えたりしなければなりません。あまり凝りすぎると、例文を 1 つ作るのに 10 分以上かかってしまうこともあります。例文を作る際には、あまり質にこだわらず、思い浮かんだ文をさっと作るのがおすすめです。具体的な場面や人、自分の好きなキャラクターなどを登場させると印象に残りやすくなります。

　「**覚えたい単語を実際に会話の中で使ってみる**」という方法もあります。会話で使うことができれば、「あの場面で、ああいうふうに使ってみたら通じた」というように具体的な記憶として残りますので、非常に効果的ではあります。しかし、この方法をおすすめできるのは、かなりの英語上級者に限ります。まだしっかり覚えていない単語を使ってみるというチャレンジ精神も必要ですし、もし通じなかったとしてもリカバリできるだけの英語力も必要です。さらに、頻繁にネイティブと会話ができる状況にある人でないと、このような実践的な方法でたくさんの単語を覚えていくことは難しいでしょう。

それぞれの覚え方のメリット、デメリットをまとめると、以下のようになります。

覚え方	メリット	デメリット
単語を見る	・時間がかからずラク	・確実性が低い
音を聞く	・正しい発音を覚えられる	・手間、時間がかかる ・確実性がやや低い
声に出して読む	・印象に残りやすい ・発音も確認できる	・時間と手間がかかる ・覚えにくいものは繰り返しが必要
書く	・印象に残りやすい ・スペルも覚えられる	・時間がかかる ・手が疲れる
絵をイメージする	・非常に印象に残りやすい	・かなり時間がかかる
例文を作る	・印象に残りやすい ・アウトプットにも使える	・一番時間と手間がかかる
会話の中で使う	・具体的な記憶として残りやすい	・上級者でないと難しい ・頻繁に会話ができる状況が必要

　このように単語を覚える方法は色々ありますが、自分にとって得意な方法、やる気になる方法を知っておくことはとても有効です。それも一つだけに絞るのではなく、たとえば「まずは単語を見て覚える、覚えにくいものは声に出して読んだり、イメージをして覚える。それでも覚えられないものは例文を作る」といったように、自分なりの覚え方のパターンを持っておくと良いでしょう。

　さらに、限られた時間で、できるだけたくさんの単語を覚えていきたい、という人には、より効率的な単語暗記の方法を選ぶことがおすすめです。どうしたら効率的に暗記ができるのでしょう。それにはまず「記憶の仕組み」を知っておくことが重要です。

　具体的なボキャビルの方法に入る前に、私たちが情報をどのように記憶するのか、その仕組みを確認しておきましょう。

まず記憶の仕組みを知っておこう

　私たちが見たり、聞いたりした情報は、まず「**感覚記憶**」に一瞬だけ保持され、その後「**短期記憶**」に送られます。そして、その一部が「**長期記憶**」に転送されます。

　感覚記憶に保持される時間は、視覚の場合は数百ミリ秒、聴覚の場合は 2 秒程度と言われます。次の短期記憶では、放置しておくと 15 秒くらいしか保持されません。これを消えないようにするためには、心の中で繰り返す必要があります。この心の中での繰り返しのことを「**リハーサル**」と言います。たとえば、電話番号を聞いたとき、忘れないように心の中で何回か繰り返しますよね。これがリハーサルです。短期記憶に保持された情報のうち、一部の情報は長期記憶に転送されます。そして、長期記憶に送られた情報は、年単位の長い期間、保持されます。

　長期記憶は、大きく 2 つに分類することができます。それは、「顕在記憶」と「潜在記憶」です。顕在記憶とは、「これは〜だったな」と意識できるような記憶、潜在記憶とは、意識的に思い出すのではなく瞬時に知覚できたり、体が覚えているような「やり方の記憶」などです。

　さらに細かい分類もあり、顕在記憶の中には「**意味記憶**」と「**エピソード記憶**」があります。意味記憶とは辞書的な知識を指します。たとえば、「象とは、体が大きく鼻が長い動物のことだ」というのは意味記憶です。エピソード記憶とは

個人的な出来事にまつわる記憶です。「小学生のときに友達が滑り台から落ちて骨折してしまった」というような、印象に残る出来事は、かなり前のことでも覚えていますよね。こうした記憶はエピソード記憶です。

　では、どのような情報が長期記憶へ送られるのでしょうか。それは**「自分にとって特に重要な情報」**です。たとえば、生命にかかわるような情報や、そうでなくても非常に意味があると思われる情報が、長期記憶に送られます。

　その選別を行うのは脳の中の**海馬**(かいば)という場所です。海馬は、さまざまな情報が入ってくる中で、どの情報を長期記憶として蓄積するかを判断する門番のような役割を果たしています。判断基準は「重要な情報かどうか」です。
　また、海馬の隣には**扁桃核**(へんとうかく)と呼ばれる部分があります。扁桃核は感情をコントロールする部位です。嬉しい、楽しい、悲しい、つらい、といった感情が扁桃核を刺激します。扁桃核と海馬は情報を頻繁にやり取りしているため、**扁桃核の刺激を伴う記憶は海馬が重要なものと捉える**のです。そのため、強い感情を伴いながら記憶をすると長期記憶に送られやすくなります。
　たしかに、感情が強く揺さぶられたときの状況は、不思議と何年経っても思い出せますよね。

　また、自分にとって重要な情報でなくても、何度も繰り返し唱えたりすることで覚えられることがあります。これは、リハーサル（繰り返し）によって起こる定着の効果と、繰り返すことで「これは重要な情報に違いない」と脳に認識させる効果の2つが働いて、長期記憶へ送られていると考えられます。

確実に長期記憶に転送する最強の単語暗記法

　それでは、どのような覚え方をすれば、英単語をできるだけ効率的に、そして確実に長期記憶に転送することができるのでしょうか。

　リーディングに使うための単語暗記、という前提に立つと、英単語を見て意味がわかればいい、ということになります。単語の「広さ」と「深さ」の話で言うと、リーディングにおいてはどれだけの単語を知っているかという「広さ」が重要だということです。このとき、**最も効率的で確実な方法は「自分で語呂合わせを作る」**ことです。

なぜ「自分で語呂合わせを作ること」が最強の単語暗記法なのか

　語呂合わせと言えば、平安遷都の年を「鳴くよ（794）ウグイス平安京」と覚えたり、ルート2を「ひとよひとよにひとみごろ（1.41421356）」と覚えたりしましたよね。このように、語呂合わせは数字を覚えるのによく使いますが、英単語にも同じように使うことができます。初めて見る英単語は無味乾燥な数字と同じく覚えにくいものですが、日本語の意味のある言葉を関連づけると、とても覚えやすくなるのです。

　6回連続記憶力日本一、世界記憶力グランドマスターの池田義博さんは、著書の『脳にまかせる勉強法』の中でご自身が活用しているさまざまな記憶法を紹介していますが、その中でも、数字や外国語のような**「元の形のままでは日本語として意味がとれないもの」**を覚えるときには語呂合わせが適していると紹介しています。

　知らない単語で、覚えるきっかけが何もない単語を覚えたいとき、そのままでは何十回も何百回も繰り返し見たり聞いたり口に出したりするという地道な方法で覚えるしかありません。しかし語呂合わせがあれば、とても印象に残りやすくなります。しかも、前述のように、語呂合わせは人から聞くよりも、自分でがんばって作ったほうが、長期記憶に転送されやすくなります。

それは、「記憶の仕組み」に基づく、以下の3つの理由によります。

(1) エピソード記憶になりやすい!

自分が直接経験したことは、長期記憶の一種である「エピソード記憶」として長期間保持されやすくなります。あれこれ考えて語呂合わせを作ったり、イメージしたりすると、その作業自体が一つの経験となり、エピソード記憶になります。覚えたい単語をいきなり使うことは難しくても、その英単語を覚えるための語呂合わせ作りをひとつの経験にしてしまうわけです。それによって、「この単語の発音は、あのゲームのキャラクターの名前に似ていると考えたなぁ」など、具体的なエピソードとして思い出すことができるのです。

(2) 楽しむことで海馬を刺激する!

語呂合わせは、できるだけ楽しみながら、くすっと笑ってしまうようなものを作ると効果的です。記憶の仕組みの話の中で、感情をつかさどる扁桃核のすぐ隣にある海馬という場所が、情報を長期記憶に送るかどうかの判断をする門番だと説明しましたね。感情を動かして扁桃核を刺激すると、海馬がその情報を重要なものと判断して長期記憶に送ります。漫才のビデオを見た直後に単語を暗記すると、暗記の効果が高まったという実験結果もあります。できるだけ楽しみながら語呂合わせを作りましょう。

(3) リハーサルにより定着しやすい!

語呂合わせを考える過程で、その単語を頭の中で何度も唱えます。日本語のどんな音に似ているかな? 擬音語や擬態語になりそうな音はあるかな? と考えながら、音を繰り返します。その繰り返し=「リハーサル」によって、短期記憶から長期記憶に送られやすくなるのです。単純に音を何度も繰り返すだけよりも、意味付けをしながら繰り返すことで、その効果は高まります。

　では、試しに、次の 5 つの単語の意味を覚えてみましょう。ここで「覚えた」というのは、英単語を見て、意味が思い出せる状態を指すことにします。

---

resentful（怒った）　　novice（初心者）　　drawback（欠点）
thrift（倹約）　　retort（言い返す）

　これらが全く知らない単語だった場合、見るだけで覚えるのは大変そうですよね。しかも、一回覚えたと思っても、数時間経ったら忘れてしまうかもしれません。では、この 5 つの単語について、語呂合わせを作ってみましょう。この中に知っている単語があった人は、知らない単語だけで構いません。

　たとえば、こんな語呂合わせが考えられます。

---

resentful（怒った）
　　語呂合わせ：「リーゼント、フルに立てて**怒った**高校生」
novice（初心者）
　　語呂合わせ：「ナビすら使いこなせない**初心者**」
drawback（欠点）
　　語呂合わせ：「泥ばっかりなのが**欠点**だね」
thrift（倹約）
　　語呂合わせ：「スリふところあったかいのは**倹約**家だからなのよ」
retort（言い返す）
　　語呂合わせ：「レトルトばっかりの夕飯に**言い返す**」

　どうでしょうか。語呂合わせを作ると、だいぶ印象に残りやすくなったのではないでしょうか。

効果的な語呂合わせの作り方

　語呂合わせを作るのが初めて、という方もいらっしゃるかもしれません。単語の意味を覚えるための、効果的な語呂合わせの作り方を紹介しますので、参考にしてください。

　基本的には「英単語の全部または一部を、日本語の似ている言葉に置き換えて、それに覚えたい意味を付け加えて文を作る」という作業をしていきます。英単語を置き換えた言葉のほうを先に使って、覚えたい意味は後のほうに使うようにしましょう。手順は以下の通りです。

---

① 英単語の発音を繰り返しつぶやいたり、スペルを見たりしながら、似ている日本語の言葉や、他の英語の言葉に置き換える。

② 意味のある言葉に置き換えられたら、それを使って文を作り始める。

③ 文の中に「覚えたい意味」を入れて、文を完結させる。このとき、自分なりに具体的なイメージが湧くシチュエーションやキャラクターを登場させると効果的。空想を楽しみながら語呂合わせを考えよう！

　たとえば、先ほどの resentful ＝「怒った」を覚えたいときには、まず resentful という単語の発音を繰り返しつぶやきながら、何か似ている日本語の言葉はないかな？　と探していきます。少し長い単語の場合には、どこかで区切ると、その一部が意味のある日本語に似ていることもあります。

　resentful の場合も、resent-ful と分けて発音してみると、前半の resent の部分が日本語の「リーゼント」に似ていることに気づきます。リーゼントは不良スタイルの代名詞としてよく使われますので、「怒った」という意味にもつなげやすそうです。そこで、リーゼントを使うことにします。

　あとは、後半の ful をどうするかですが、日本語の言葉に置き換えるだけでなく、知っている英語に置き換えてもいいのです。ful は音としては Full（いっぱい）と同じですので、それを使うことにします。最後に、覚えたい意味である「怒った」を文の中に入れます。できあがった語呂合わせは「リーゼント、フルに立てて怒った高校生」です。

楽しく印象に残る語呂合わせを作るコツ

　語呂合わせは、作っていくうちに、だんだん思いつきやすくなっていきますが、もしなかなか思いつかないときには、以下のコツも参考にしてくださいね。

---

1. **自分なりにイメージできるキャラクターを登場させる**
　　　例：indulge（甘やかす）
　　　語呂合わせ：「<u>インダル</u>じいさん、孫を**甘やかす**」

2. **擬音語や擬態語を使う**
　　　例：sneer（あざ笑う）
　　　語呂合わせ：「<u>スニャスニャ</u>寝る王様を**あざ笑う**家来たち」

3. **誰かに話しているかのような文を作る**
　　　例：keenly（激しく）
　　　語呂合わせ：「<u>金利 UP</u> には**激しく**反対だ！」

4. **歴史や、アニメ、映画、ゲームなどに出てくる人物、設定を使う**
　　　例：specimen（見本）
　　　語呂合わせ：「<u>スペシウム</u>光線の**見本**」

5. **方言を入れる**
　　　例：quaint（古風で趣がある）
　　　語呂合わせ：「それ<u>食えんと</u>？　**古風で趣がある**とよ〜」

　いかがでしょうか。まずは英単語を見て、その音を頭の中で繰り返しつぶやきながら、「日本語のどんな音に似ているかな？　擬音語や擬態語になるかな？　誰かの名前に似ているかな？」など、色々と考えてみてください。単語の一部だけを使ってしまうと、他の似た英単語と間違って覚えてしまうので、できるだけ単語全体をカバーするように語呂合わせを作りましょう。

決してレベルの高い語呂合わせを作る必要はありません。人に感心されるようなものを目指さなくていいのです。大切なのは、自分であれこれ考えてみること、内容をイメージして楽しみながら作ってみることです。

ちなみに、覚えたい単語全てについて語呂合わせを作っていたら時間がかかってしまいますので、覚えにくい単語だけ語呂合わせを作るようにしましょう。

ボキャビルで覚えるべき単語の選び方

洋書を読むのに必要な単語力をつけるために、そして 5000 語より上のレベルの単語を効率よく覚えていくために、どのように覚えるべき単語を選べばいいのでしょうか。

自分が読みたい洋書が決まっている方は、その洋書から抽出していくのもいいと思います。時間はかかりますが、読みたいものに直結したボキャビルなので、モチベーションも上がりやすいでしょう。そうした特定の目的がなく、洋書全般を読めるようになりたい方は、以下のようなレベル別単語リストを活用して覚えていく方法がおすすめです。

● レベル別語彙リスト SVL12000（アルク）

出版社アルクが、ネイティブスピーカーの「使用頻度」をベースにしながら、日本人学習者にとっての「有用性」「重要性」を考慮して単語の選定を行った単語リストです。Level 1 から 12 まで、各レベル 1000 語、合計 12,000 語が含まれています。この SVL を基にした単語帳が『究極の英単語』という書籍になって、アルクから出版されています。Vol.1（初級）、Vol.2（中級）、Vol.3（上級）、Vol.4（超上級）の計 4 冊、各 3000 語の単語集になっていて、例文や使い方も豊富に掲載されています。洋書を読むための単語力をつけるには、Vol.3 以上を使うのがおすすめです。

● JACET8000

　大学英語教育学会（JACET）が作成している単語リストです。中学校英語教科書に頻出する基本語を集めた Level 1 から、英検 1 級や TOEIC の 95％以上をカバーするという Level 8 まで、各レベル 1000 語、合計 8000 語が含まれています。書籍としては、『JACET8000 英単語「大学英語教育学会基本語リスト」に基づく』（桐原書店）を使うと、意味も書かれていて使いやすいでしょう。

　洋書を読みたいだけでなく、TOEIC、TOEFL、英検など、特定の試験の対策を兼ねたい人は、その試験用の単語集を選ぶのもいいですね。

・**TOEIC 用のおすすめ単語集**
　『TOEIC L & R TEST 出る単特急 金のフレーズ』（朝日新聞出版）
　『キクタン』シリーズ（アルク）

・**TOEFL 用のおすすめ単語集**
　『TOEFL テスト英単語 3800』（旺文社）

・**英検用のおすすめ単語集**
　『でる順パス単』シリーズ（旺文社）

洋書を読むためにまず覚えるべき厳選 1000 単語リスト

　　SVL や JACET などのレベル別単語リストは、自分の現状レベルを確認して、だんだん難しいレベルの単語を覚えていくことができるので、非常に使いやすく、おすすめです。しかし、1 レベルずつ順番に覚えていくと、一番上のレベルを覚えるまでに、おそらく半年から 1 年以上かかるでしょう。

　　もっと手っ取り早く、洋書が読めるようになるための単語を優先的に覚えたい、という方もいらっしゃるかと思います。本書では、そんなあなたのために、人気のある洋書 100 冊に出てくる頻出単語を分析して、1000 単語をリストアップしました。本書オリジナルの「洋書を読むためにまず覚えるべき厳選 1000 単語リスト」は巻末に特別付録として収録しています。

　　このリストは、比較的難易度の高い、6000 語から 12000 語レベルを対象にしています。TOEIC のスコアとしては 700 点以上の人が対象となります。洋書に出てくる頻度が高い単語を優先的にリストに入れていますので、この 1000 語のボキャビルを終えた後に洋書を読んでみると、覚えたばかりの単語が出てくる、という体験ができると思います。そうなると、ボキャビルへのモチベーションが高まりますので、そこでもっと単語を覚えていきたいと思ったら、先ほど紹介した SVL や JACET などの単語集を使うといいでしょう。

　　「洋書を読むためにまず覚えるべき厳選 1000 単語リスト」は以下からもダウンロードできます。

「洋書を読むためにまず覚えるべき厳選 1000 単語リスト」
http://pbook.info/reading2

英単語暗記アプリで効率的にボキャビルをしよう

　ボキャビルを習慣化するために、英単語暗記アプリを活用するのもおすすめです。スマートフォンやタブレットさえあれば、ちょっとした時間で、場所を選ばず単語暗記をすることができ、暗記の効果をぐんと上げることができます。また、紙の単語帳を使った場合には音声を確認するのに手間がかかりますが、アプリなら音声を同時に流してくれるというメリットもあります。

自分で選んだ単語を暗記したい場合におすすめのアプリ

　自分で選んだ単語や、本にある単語を覚えたい場合におすすめなのは、AnkiDroid Flashcards（無料）、Quizlet（一部機能のみ有料）です。いずれも、自分で作った単語リストをインポートすることができるため、とても便利です。

　特に AnkiDroid Flashcards は、単語をどのくらい覚えているかを自分で振り分けていくことができるため、確実に暗記をすることができます。

また AnkiDroid Flashcards や Quizlet は、単語帳を自作するだけでなく、他の人が作った単語帳で公開されているものを使うこともできます。

用意された単語を暗記していきたい場合におすすめのアプリ

　アプリ内に単語のコースやリストが用意されていて、目的に合わせてその単語を覚えていきたい場合には、mikan（一部有料）や iKnow（有料）といったアプリがおすすめです。自分で単語リストを作る必要がないため、楽に単語暗記を始めることができます。

　mikan では「TOEIC」「TOEFL」「大学受験」といったコースが用意されています。単語カードで学んだあと、英単語に対応する日本語を 4 択で選ぶクイズに答える、という形式です。スピーディーにリズムよく、単語を暗記したりクイズに答えたりすることができます。

　iKnow も、豊富なコースの中から、目的に合わせて選んでいくことができます。また、iKnow ではどのような学習をするかという「学習モード」が選べますが、「iKnow モード」にすると、選択問題やスペル（書き取り）クイズ、音声（聞き取り）クイズなど、様々な角度からの出題で、単語力を強化することができます。

　自分の好みや目的に合わせてアプリを選びましょう。

CHAPTER

5

第 5 章

実践洋書リーディングで
読書体力を上げていく

実践洋書リーディングで
読書体力を上げていく

洋書を読み続けるために必要な条件とは

　さて、第2章で速読トレーニング、第4章でボキャビルを紹介しました。読みながら、もう速読トレーニングやボキャビルを始めている方もいらっしゃるかもしれませんが、「洋書が読みたくなってきた」「そろそろ洋書が読める気がする」と感じたら、それが洋書リーディングにチャレンジするベストなタイミングです。

　タニケイ式リーディングの最後の柱として提案したいのは「実践洋書リーディング」です。これは、実際に洋書をどんどん読んでいく、ということです。速読トレーニングでは、洋書の一部を教材として使い、毎日トレーニングとして時間を測りながら速読の練習をしました。実践洋書リーディングでは、時間を意識せず、自然に、内容を楽しみながら洋書を読んでいきます。速読トレーニングやボキャビルと並行して始めても構いませんし、速読トレーニングやある程度のボキャビルを終えた段階で始めても構いません。

　速読トレーニングとボキャビルを行うだけでも、ある程度のリーディング力アップの効果は出ます。前述のように、速読トレーニングで英文の読み方を変え、速読意識を身に付け、ボキャビルで単語力を段階的に強化することで、長い英文を読むのを楽にしていくことができるからです。つまり、速読力と単語力、そして読書体力のベースができるというわけです。

　しかし、それに加えて、実際に洋書をたくさん読んでいくことで、読書体力をどんどん強化していくことができます。また、読めるようになった実感も得やすくなります。たとえば、「初めての文章でも返り読みせずに読めている」「1単語ずつではなく、ある程度の単語のかたまりで捉えられるようになっている」と思えたり、「読んでいる本の中に、ボキャビルで覚えた単語が出てきて意味がわかった」という体験ができたりします。これは、速読トレーニングやボキャビルの成

果が実践的なリーディングに表れているということです。そういう状態になると、ボキャビル継続へのモチベーションも高まりますし、さらに洋書を読みたくなる、という好循環に入れます。ですから、実践洋書リーディングはぜひ続けていただきたいものとして、タニケイ式リーディングの 3 つの柱の一つに位置づけています。

　実践洋書リーディングを行うときには、わからない単語が出てきても全部調べるのではなく、推測しながら読んで構いません。日本語の本を読むときにも、知らない言葉が出てきても調べないで読み進めていくことが多いのではないでしょうか。それと同じように、学習としてではなく、洋書を楽しみながら読んでいくときには、「こういう意味かな?」と推測しながら、読んでいきましょう。何度も出てくると、自然と意味がわかってくることも多いものです。どうしても気になる単語だけ意味を調べよう、というくらいの気持ちで読んでいくと、リズムよくスムーズに読んでいくことができます。

どのように読む本を選べばいいの?

　この実践洋書リーディングでは、自分の好きな本を読んでいただいて構いません。大切なのは、読み続けることです。せっかく速読トレーニングをして、ボキャビルをしていっても、実践的なリーディングをしなければ、成果の確認もできませんし、読書体力も上がっていきません。

　では、どのように洋書を選んだらいいのでしょう。洋書の選び方について、いくつかの方法をお伝えします。

・洋書のおすすめ本やブログを参考にする
　どんな本を読んだらいいか迷ったら、おすすめの洋書を紹介している本やブログを参考にしましょう。特に、アメリカ在住で、エッセイスト、翻訳家でもある渡辺由佳里さんの著書とブログは大変参考になります。

- 『新・ジャンル別洋書ベスト 500 プラス』（渡辺由佳里著、コスモピア）
- 「洋書ファンクラブ」ブログ（渡辺由佳里さん）
  https://youshofanclub.com/blog/

・アマゾンの情報から選ぶ

　US のアマゾンのサイト（Amazon.com）で、人気のある本をチェックするのがいいでしょう。"Best Books of the Month" や "Best Books of 20XX" のコーナーを見ると、人気のある本がわかりますし、"Book Awards" のコーナーでは、Pulitzer Prize、Hugo Award、Man Booker Prize などの有名な賞をとった本や、最終選考まで残った本を知ることができます。また、"100 Books to Read in a Lifetime" のコーナーでは、その名の通り、人生で読むべき 100 冊があげられていますので、こうしたコーナーも参考にするといいですね。

・Kindle のサンプルダウンロードを活用する

　Kindle 版がある場合には、いきなり購入せず、まずは Kindle のサンプルをダウンロードすることをおすすめします。サンプルは無料でダウンロードできて、冒頭の数ページを読むことができます。なかにはほとんど 1 章分が読めるようなものもあります。思っていた内容と合っているか、難易度、読みやすさ、文体の好き嫌いなどを確認して、「面白そう」「読み続けていけそう」と思ったら、そこで初めて購入するようにしましょう。そうすると無駄買いがなくなります。内容に興味のあるもの、自分が読みやすいものを選ぶことはとても大切です。

Kindle サンプルダウンロードの方法

① アマゾンの Kindle ストアで本を検索すると、「無料サンプルを送信」というボタンがあります。その下の「配信先」のプルダウンから、サンプルをダウンロードしたい端末（Kindle 端末、スマートフォンなど）を選びます。
② あとは端末側にダウンロードされるのを待つだけです。通常は自動でダウンロードされますが、ダウンロードされない場合には、端末側で「同期」を行って、ダウンロードしましょう。

レベル別洋書のすすめ

　大人向けの洋書は難しすぎて、もう少し読みやすいものから始めたい、という方におすすめなのが「レベル別洋書」です。レベル別洋書とは、使う単語のレベルを段階的に変えているもので、Pearson Engllish Readers（旧ペンギンリーダーズ）、Cambridge English Readers、Oxford Bookworms、Macmillan Readers といったシリーズがあります。

　たとえば、Pearson Engllish Readers なら、以下のようにレベルが分かれています。

Level	CEFR	英検
Easystarts level	A1 - A2	3 級 - 2 級
Level 1	A1 - A2+	3 級 - 2 級
Level 2	A2 - A2+	準 2 級 - 2 級
Level 3	A2+ - B1	準 2 級 - 準 1 級
Level 4	B1 - B2	2 級 - 1 級
Level 5	B1+ - B2+	2 級 - 1 級
Level 6	B2 - C1	準 1 級 - 1 級

※ CEFR（セファール：ヨーロッパ言語共通参照枠）とは、外国語の習熟度や運用能力を測る国際的な指標。C1 〜 A2 までの 6 段階ある。

　有名な文学小説や、映画の原作を簡易的にしたものもありますし、有名人の伝記やミステリーなど、オリジナルのストーリーもたくさんあります。

　一冊ずつが短くまとめられていて、自分にとって易しいレベルのものは 1 時間もかからずに読み終えることができると思います。読み終えられた、という達成感を細かく味わうことができるので、特にこれまで洋書を読み終えたことがない方には、レベル別洋書から始めるのはおすすめです。

　「〇冊読み終えたら一つ上のレベルに上げる」という風に決めておくと、やりがいもあり、続けやすくなります。

何を読むか迷ってしまう人におすすめの洋書

　なかなか自分では読みたいものが決められない、とにかくおすすめの洋書を知りたい、という方には、次の5冊をおすすめします。いずれも映画化されており、映画を見てから洋書を読んだり、反対に洋書を読んでから映画を見たりしても楽しめます。

Holes（Louis Sachar）

　映画の邦題『穴』　　難易度：低め

　スタンリー少年は、無実の罪で、砂漠の真ん中の少年院に入ることになる。厳しい所長の命令で、毎日目的もわからずに「穴」を掘らされるが、その穴掘りには、実は大きな目的があった。ある日、スタンリーは穴掘り場からの脱出を図る。ニューベリー賞、全米図書賞ほか多数受賞の冒険小説。児童向けで読みやすい。

Wonder（R.J. Palacio）

　映画の邦題『ワンダー　君は太陽』　　難易度：低め

　オーガストは生まれつき顔に障がいがある男の子。はじめて通うことになった学校で、多くの生徒たちは「病気がうつる」とオーガストを避ける。そんな中にも、オーガストに魅力を感じる友人たちもいた。オーガスト、姉、友人たちなど、様々な視点から描かれる小説。児童向けで読みやすい。

Norwegian Wood（Haruki Murakami, Jay Rubin）

　映画の邦題『ノルウェイの森』　　難易度：中

　村上春樹『ノルウェイの森』の英語版。主人公のワタナベは高校時代に親友を自殺で失う。そのガールフレンドだったナオコと再会し、関係を持つが、ナオコは突然姿を消してしまう。12万語以上と長いが、ストーリーや情景が浮かびやすく、読みやすい。日本語版を読んだことがある方も、英語ではこう表現するのか、というところを楽しみながら読んでみよう。

Harry Potter and the Philosopher's Stone（J.K. Rowling）

映画の邦題『ハリー・ポッターと賢者の石』　　　難易度：高め

ハリー・ポッターシリーズの第1作目。親戚の家でいじめられながら過ごしていたハリーの元に、ホグワーツ魔法魔術学校からの入学許可証が届く。ハリーは列車に乗り、ホグワーツ魔法魔術学校へ向かう。ロンやハーマイオニーという友人もでき、楽しい学校生活を送り始めるハリーだったが、やがて学校に隠された秘密を見つける。

The Firm（John Grisham）

映画の邦題『ザ・ファーム　法律事務所』　　　難易度：高め

ロースクールを修了した苦学生ミッチは、テネシー州メンフィスのとある法律事務所から破格の待遇を提示されて、就職する。妻とともに幸せな新生活を始めたかに見えたが、あるとき事務所の不正を見つけてしまう。13万語以上と長いが、ストーリーが面白く読みやすい。Penguin Readers から約2万語のコンパクト版が出ているので、原作が難しいと感じる方はそちらから挑戦するのもおすすめ。

実践洋書リーディングを続けるために

実践洋書リーディングを続けるために、次のような方法がおすすめです。

・洋書リーディングの記録をつける

Excel や Google スプレッドシート、手書きのメモなどで、洋書リーディングの記録をつけると、それがだんだん増えていくのが楽しくなります。書籍タイトル、著者名、読んだ日、簡単な感想などを書いておくといいですね。次に何を読もうか迷ったときに、面白かった本と同じ著者の本を探してみることもできます。

・リーディング用 SNS を活用する

Goodreads（https://www.goodreads.com/）というサイトは、書籍、読書に関する情報をやり取りする SNS です。ここでは、読みたい本や読んだ本を登録したり、感想を書いたり、星（評価）を付けたりすることができます。自分がつながっている友達が読んだ本も、もちろん見ることができます。また、多くの著者が参加しており、著者をフォローすることもできます。英語のサイトですので、他の人のレビューや著者のブログを読むだけでも、リーディングのいい練習になります。

その他、「読書メーター」（https://bookmeter.com/）や「ブクログ」（https://booklog.jp/）という日本のサイトでも、同じように読みたい本・読んだ本の登録をしたり、感想を書く機能、友達とつながる機能などがあります。ただし、読書メーターやブクログは日本のサイトで、日本語の本を登録している人がほとんどですので、洋書に関する情報だけを記録・シェアするには Goodreads がおすすめです。

・SNS やブログで洋書の感想を発信する

　洋書を読んだら、その感想を SNS やブログで発信するのもいいですね。長く書こうと思うと大変ですので、SNS で一言つぶやいてみるだけでもいいと思います。もしかしたら、あなたの投稿を見て、その本に興味を持つ人がいるかもしれません。あるいは、同じタイミングで同じ本を読んでいて、感想を話し合いたいと思う人に出会うかもしれません。そうでなくても、発信することで、読んだ実感が湧きますし、印象に残った部分を読み直すきっかけにもなります。

・洋書リーディングのサークルに入る、サークルを作る

　洋書を使ったサークル、ブッククラブなどもありますので、探してみましょう。同じ本を読んで集まって話す場合もあれば、おすすめの洋書を紹介しあう場合もあります。Facebook や LINE のオープンチャット、ジモティーなどで「洋書」をキーワードに探してみると、参加できるサークルが見つかるかもしれません。もし、ちょうどいいサークルが見つからなければ、自分で興味のありそうな人に声をかけて、サークルを作ってしまうのもいいですね。月1回程度こうしたサークルを開催して、人と話す機会を作っておくと、その日に向けて洋書を読もうという気になります。

　以上、洋書の選び方と、洋書リーディングの楽しみ方について、いくつかの方法をご紹介しました。人それぞれ、本の選び方や楽しみ方は違っていいものです。ぜひ、自由に洋書リーディングを楽しんでくださいね。

Kindle を活用しよう

　実践洋書リーディングでは、自分の興味関心に合う本をできるだけたくさん読んでいきたいものですが、読み続けることを邪魔するものが2つあります。1つは洋書を買ったり持ち運んだりする手間、もう1つは「単語力不足でスムーズに読めない」という苦しさです。ボキャビルで段階的に単語力が上がっていくとはいえ、急にネイティブ並みになることはできません。そうすると、しばらくは単語力が十分ではない状態で、洋書リーディングを実践することになります。

　言い換えると、洋書を読み続けるのに必要なのは、「思い立ったときに気軽に買えて、読めること」と「わからない単語があってもストレスなくスムーズに読み続けられること」の2つです。そして、その両方を見事に解決してくれるのがKindleです。私自身も、洋書を読むときには、Kindle版があれば必ずKindle版を読んでいます。

　Kindleを読むための専用端末もありますが、専用端末を使わなくても、タブレットやスマートフォンでKindleアプリを使ってKindle本を読むことができます。なんとなく紙の本が好きで、電子書籍には抵抗を感じる、という方もいらっしゃるかと思いますが、洋書リーディングを続けていきたい方にはぜひ一度、Kindle本を試し読みしていただきたいと思います。

　Kindle本には次のようなメリットがあります。

いつでもどこでも思い立ったときに買える！ 読める！

　洋書リーディングにKindle本をおすすめする理由の1つ目は、電子書籍ならではの便利さ、持ち運びやすさです。

　電子書籍には、いつでもどこでも好きな洋書を購入できるというメリットがあります。街の書店を見てみればわかりますが、洋書はどの書店にも置いてあるわけではありません。取り扱っているのは、品揃えが豊富な大手書店などに限定されてしまいます。ネット書店でも在庫がないかもしれません。しかし、Kindle であれば、Amazon で検索してすぐに買うことができます。電子書籍ですので「品切れ」状態になることもありません。特にシリーズ物の洋書を読んでいると、読み終わってすぐに次巻を読みたくなることがよくありますが、そんなときも Kindle 本であれば、すぐに購入して読み始めることが可能です。気になった洋書があったとき、すぐに買えるかどうかで、実際にその洋書を読み始められるかどうかが変わります。探しているうちに、あるいは在庫が入るのを待っているうちに、読む気がなくなってしまったり、忘れてしまったりするかもしれないからです。

　また、洋書のペーパーバックは日本のハードカバーの本よりは軽いのですが、文庫や新書に比べると分厚くサイズも大きいので、持ち運ぶのは大変です。Kindle 本なら、どんなに厚い本を何百冊買っても、スマートフォンやタブレットなどの軽い端末で持ち運べるので本当に便利です。読み終わった後の保管場所を考える必要がないのも助かります。たとえば、出張などの長い移動時間や休暇中に、何冊か本を読みたいと思うこともあるでしょう。そんなときにも、重い本を何冊もバッグに入れる必要がないのです。読みたい本が決まっていなくても、とりあえずスマートフォンやタブレットさえバッグに入れておけば、後でゆっくり読みたい本を選ぶことができます。

　このように、いつでもどこでも、気になったときに買えて、気軽に読めることが、Kindle 本の大きなメリットです。読みたい本をすでにペーパーバックなどで持っている方は、紙の本で読んでいただいても構いませんが、これ

から読む本を用意される方は、ぜひ Kindle 本のリーディングを試してみてください。

　もちろん、この便利さや手軽さは、Kindle だけではなく、電子書籍であればどんなサービスでも持っているメリットです。しかし、品揃えの豊富さでは、やはり Kindle の右に出るものはいないでしょう。さらに、次にあげるメリットは、Kindle 特有のものです。

単語力が十分でなくても洋書をスムーズに読める！

　Kindle 本をおすすめする理由の 2 つ目として、単語力がまだ十分でなくても洋書をスムーズに読み進められることがあります。

　実践洋書リーディングでは、わからない単語を全部調べずに読んでいって構わないのですが、やはり一文の中に知らない単語が 3 つも 4 つもあると、意味が全くわからなくなり、ストーリーを楽しむどころではなくなってしまうこともあります。
　ただ、辞書を引いて意味を調べるのに時間がかかってしまうと、本文に戻ったときに「あれ、どんな内容だったっけ？」「どこまで読んだっけ？」と読書が中断されてしまい、リーディングを楽しむことができません。このような中断が度々あると、本の内容に集中できないだけでなく、辞書を引く手間が面倒になってリーディング自体が続かなくなってしまいます。

　そこで活用したいのが、Kindle の内蔵辞書機能です。Kindle では、調べたい単語を長押しするだけで、意味をすぐに調べることができるのです。この機能を活用することで、足りない単語力を補いながら、ストレスなく洋書を楽しんで読んでいくことができるのが、Kindle 端末のすばらしいところです。

　知らない単語に出会ったときには、その単語を指で長押しします。すると、その画面の上にポップアップで辞書が表示されます。

　読書中の画面上に辞書が表示されるため、単語を調べても読書が中断される感覚がありません。ちなみに、紙の辞書、オンライン辞書、Kindle 本の 3 つで、同じ単語を調べるのにかかった時間をそれぞれ計測してみました。

紙の辞書	：12 秒
オンライン辞書	：7 秒
Kindle 本の辞書	：2 秒

　紙の辞書と Kindle 本の辞書では、1 単語調べるのに 6 倍の差がありました。10 万語以上の洋書を読み続けていくにあたって、数百語あるいは数千語もの単語を調べるとしたら、この差は膨大なリーディング時間の差になります。また、紙の辞書は分厚いので調べるだけで大掛かりですし、そもそも持ち運ぶのも大変です。オンライン辞書は、紙の辞書に比べれば速く調べられますが、検索するときには、スペルを手で入力しなければなりません。スペルを間違えると正しく検索されず、余計に時間がかかってしまいます。
　一方、Kindle 本は調べたい単語を長押しするだけですから、スペルミスの心配もないですし、わざわざ分厚い辞書を持ち運ぶ必要もありません。さらに、Kindle 本で長押しした単語にはハイライトが表示されるので、調べ終わった後は、読んでいた箇所を見失うことなく、再び読書に戻ることができるのです。
　このように、Kindle 本を使えば、気になった単語をどんどん調べながらでも、読書を大きく中断することなく、スムーズに読んでいくことができます。この点は、洋書リーディングのストレスを大きく減らしてくれて、単語力がまだ十分でなくても「Kindle で単語を調べながら、どんどん気楽に読んでいこう」という気にさせてくれます。これだけでも Kindle 本を使う価値は十分あると思います。

Kindle を活用して効率よくボキャビルしよう

　洋書を1冊読むと、今まで知らなかった新しい単語にたくさん出会うことができます。知らない単語を全部調べながら読む必要はないのですが、その本を通してできるだけ単語力も増やしたい、という方も多いと思います。読む本のジャンルによって頻出の英単語は異なるので、洋書をある程度読み慣れている人でも、ビジネス書ばかり読んでいた人がミステリー小説を読めば、まだまだ知らない単語だらけだ、と感じることもあるでしょう。

　一方で、同じ本の中では何度も同じ単語が出てくることに気づきます。「またこの単語が出てきた。この前意味を調べたはずだけど、何だっけ？」と忘れてしまう。そんな状況は、洋書を読んでいるとよくあることです。そこで毎回単語の意味を調べていると、時間ももったいないですし、ストレスもたまるでしょう。その日読んだ箇所に出てきた単語を、その日のうちに定着させることができれば、次に同じ単語が出てきても調べずに済みますから、続きを読み進めるのがスムーズになることは間違いありません。

　洋書に出てきた単語を一気に復習するには、単語帳を作ると効率的ですが、手作業で作るのはかなり大変です。私も以前、ペーパーバックを読んでいて、知らない単語に印を付けておき、後でまとめて単語リストを作ろうとしたことがありましたが、なかなか時間をとることができず、続きませんでした。

　しかし、Kindle 本のハイライト機能と、オンライン辞書の Weblio（有料版）の機能を使えば、半自動で単語帳を作ることが可能です。自分がわからなかった単語だけをリストアップすることができるので、効率よく単語の復習ができます。

● **Kindle ＋ Weblio で単語帳を作る方法**
　① Kindle 本で知らなかった単語をハイライトする
　② 右上の 3 点が縦に並んだ部分から「マイノート」のメニューを選び、右
　　上の共有マークから「ノートブックのエクスポート」を選択。
　③ エクスポートした html の内容をコピーして Excel に貼り付ける
　④ 不要な行を削除する
　⑤ Weblio（有料版）の「単語の一括登録」で Excel からコピーした単語
　　を一括登録する
　⑥ Weblio が自動で引き当てた意味と違う意味を覚えたい場合には、「意
　　味を編集」で編集する

　また、以下のように Kindle でハイライトした単語をフラッシュカードにす
ることもできます。

● **Kindle でハイライトした単語をフラッシュカードにする方法**
　① Kindle 本で知らなかった単語を長押しして意味を調べ、ハイライトす
　　る
　② ハイライトした単語をタップし、「メモ」に調べた意味を追加する
　③ 右上の 3 点が縦に並んだ部分から「マイノート」のメニューを選び、右
　　上の共有マークから「フラッシュカードを作成」を選択。

　この手順で、英単語が表面、「メモ」に追加した意味が裏面にあるフラッシュ
カードができあがります。

　いずれの方法でも、その日に出会った知らない単語を復習したり、一冊
の本で出会った単語をまとめて復習したりすることができて便利です。第 4
章で紹介したボキャビルの方法も参考にしながら、実践洋書リーディングで
出会った単語を復習して定着させていきましょう。

あとがき

　本書をお読みいただき、誠にありがとうございます。

　私の英語学習コーチとしてのモットーは、自分自身が1人の英語学習者の立場に立って、必ず一定期間試して、効果が確認できた方法だけをおすすめするということ、そして、忙しい社会人の方でも取り組みやすいように、ステップやゴールを明確にして、効率的にできる方法を提案するということです。本書も、そのモットーにしたがって執筆してきました。

　さらに、この改訂版では「洋書を読むならやはり小説を読みたい」という方の声に応えて、速読トレーニングの実践用教材をオー・ヘンリーの短編に変更したり、巻末の特別付録「洋書を読むためにまず覚えるべき厳選1000単語リスト」も、小説を中心とした洋書100冊から抽出し直したりして、特に英語の小説をすらすら読めるようになりたい方に活用いただける一冊にしました。

　セミナーなどではよくお話しますが、私自身、社会人になってから、得意だったはずの英語が実務では使い物にならず、英語力を伸ばそうと、さまざまな方法を試しては続かず、苦しい数年間を過ごしました。仕事が忙しいときには、どうしても英語学習を後回しにしてしまいます。必要だとわかっているにもかかわらず、英語学習へのモチベーションを保てない自分に対して自己嫌悪を感じることもよくありました。

　しかし、シャドーイングという効果的なトレーニング法に出会ったり、一緒に英語学習を楽しめる仲間たちに出会ったりして、英語学習自体を楽しむ方法を見つけ、「趣味は英語学習です」と言えるようになりました。

　2013年から英語学習コーチとして活動を始め、さまざまな英語学習者の方々に出会ってきました。英語は好きだけれどTOEICの点数はなかなか上がらない人、学生時代から英語嫌いなのに昇進するために基準スコアをクリアしなければならない人、会社が突然外資になってしまって英語ができなければ仕事を失ってしまうかもしれないと切羽詰まっている人など。

　私がみなさんに共通してお伝えしたいことは、自分に合った方法を見つける

ことの大切さです。それぞれ現状の英語レベルも、必要とする英語力のレベル
も違います。どんな分野の英語を読めるようになる必要があるのか、どこの国
の人が話す英語を聞き取れるようになる必要があるのかも、おそらく違います。
仕事の忙しさや、プライベートの時間の過ごし方も違うでしょう。そして、「何に
興味があるか」「何を楽しいと思えるのか」は人それぞれです。

　英語を納得のいくレベルまで習得するまでには、長い道のりがあります。その
道を楽しく歩いていくために、ぜひ自分が楽しいと思える方法、これなら伸びそ
うだと思える方法を見つけてください。あきらめずに色々試していくと、必ずあ
なたに合った方法が見つかります。本書もその選択肢のひとつに入れていただき、
ぜひ読むだけではなく、速読トレーニングやボキャビル、実践洋書リーディング
を試してみてください。実践してみないとわからないことが多くあります。そして、
実践できたこと自体が自信になります。

　本書の出版までには、たくさんの方々にご協力いただきました。旧版を出版す
る前には、モニターのみなさんに速読トレーニングを4週間毎日トライしていた
だき、貴重なフィードバックを頂きました。みなさんの熱意とがんばりに励まさ
れて、本書の執筆にさらに思いを込めることができました。そして、今回も素敵
な表紙とブックデザインを作ってくださった藤原夕貴さん、読者のみなさんの役
に立つ本にしようと奮闘してくれた玉村優香さん、玉村菜摘さん、桑原静羽さん、
出版社プチ・レトルの代表でもある夫の谷口一真と、私の元気の源である息子
の涼真。そして、私の本を読んでくださったり、Udemyやストアカ、Schooで
講座を受けてくださった英語学習者のみなさん。みなさんが、本書を一緒に作
り上げてくれました。本当にありがとうございます。

　読者のみなさんが、本書をきっかけに、洋書を読めるようになったり、単語
暗記が楽しくなったり、少しでも英語が好きになったり、何かいい変化を起こし
ていただけたら、大変嬉しく思います。

英語学習コーチ
谷口恵子（タニケイ）

洋書を読むためにまず覚えるべき 厳選 1000 単語リスト

　この特別付録の「洋書を読むためにまず覚えるべき厳選 1000 単語リスト」は、洋書を読めるようになりたい人が効率的にボキャビルができるように、洋書によく出てくる単語を 1000 単語集めたリストです。

　特に、5000 語レベルはマスターしているが、洋書を読むと知らない単語がたくさん出てくるという人に必要な、6000 〜 12000 語レベルからリストアップしています。学校では習わない、TOEIC などの試験にもなかなか出てこない単語ばかりを集めました。

　また、小説を中心に人気のある洋書 100 冊を分析し、出てくる頻度の高い単語だけに絞っていますので、この単語リストを使って 1 ヶ月ボキャビルをした後に洋書を読んでみると、覚えたばかりの単語に出会うことができるはずです。参考にした 100 冊のリストは、1000 単語リストの後に掲載しています。

　覚えにくいものは、第 4 章のボキャビルの方法を使って暗記していきましょう。なお、発音記号はアメリカ発音で表記しています。

　以下のサイトで、この単語リストを Excel 形式と PDF 形式で公開していますので、これを使えばすぐにボキャビルを始められます。ぜひご活用ください。

「洋書を読むためにまず覚えるべき厳選 1000 単語リスト」
http://pbook.info/reading2

No	単語	発音記号	品詞	意味
1	abide	əbáɪd	動	我慢する、耐える
2	abrupt	əbrʌ́pt	形	突然の
3	absorb	əbsɔ́ɚb	動	吸収する、取り入れる
4	abyss	əbís	名	深い底、どん底
5	accommodate	əkɑ́mədèɪt	動	収容する、宿泊させる
6	acknowledge	əknɑ́lɪdʒ	動	認める
7	adequate	ǽdɪkwət	形	適正な、十分な
8	adjacent	ədʒéɪsnt	形	隣接した
9	adjoining	ʌdʒɔ́ɪnɪŋ	形	隣の
10	admirable	ǽdmərəbl	形	称賛に値する
11	adore	ədɔ́ɚ	動	熱愛する、崇拝する
12	adrift	ədríft	形	漂って、漂流して
13	advocate	ǽdvəkət	名	提唱者
14	afar	əfɑ́ɚ	副	遠くに
15	affectionate	əfékʃənət	形	優しい、愛情のこもった
16	affirmative	əfˈɚːmətɪv	形	肯定的な、断定的な
17	afresh	əfréʃ	副	新たに、再び
18	agitation	ædʒətéɪʃən	名	扇動、動揺
19	agony	ǽgəni	名	苦痛
20	akin	əkín	形	血族の、類似の
21	alas	əlˈæs	間投	ああ！
22	alley	ǽli	名	路地、裏通り
23	ally	əláɪ	名	同盟国、盟友
24	aloft	əlˈɔːft	副	高く
25	alongside	əlˈɔːŋsáɪd	副	横に、並んで
26	aloof	əlúːf	副	離れて
27	altar	ˈɔːltɚ	名	祭壇、供物台
28	amber	ǽmbɚ	名	琥珀
29	amiable	éɪmiəbl	形	感じの良い
30	amid	əmíd	前	～の真ん中に
31	amidst	əmídst	前	内、中
32	amiss	əmís	形	間違った、不適切な
33	ammunition	æmjʊníʃən	名	弾薬
34	amongst	əmˈʌŋstɚ	前	間で
35	ample	ǽmpl	形	たっぷりある、広い

No	単語	発音記号	品詞	意味
36	anew	ənjúː	副	新たに、再び
37	anguish	ǽŋgwɪʃ	名	激しい苦痛
38	animated	ǽnəmèɪtɪd	形	生き生きした
39	annoyance	ənɔ́ɪəns	名	迷惑、困りごと
40	anonymous	ənɑ́nəməs	形	匿名の
41	anticipation	æntìsəpéɪʃən	名	予想
42	appalling	əpɔ́lɪŋ	形	ぞっとさせる、すさまじい
43	apparition	æpəríʃən	名	幽霊、幻影
44	applause	əplɔ́ːz	名	拍手、称賛
45	apprehension	æprɪhénʃən	名	心配、懸念、理解
46	arc	ɑ́ək	名	弧
47	ardent	ɑ́ːrdnt	形	熱烈な、熱心な
48	arise	əráɪz	動	起こる、起きる
49	array	əréɪ	動	配列する
50	arrogant	ǽrəgənt	形	横柄な
51	ascent	əsént	名	上昇
52	ascertain	æsətéɪn	動	確かめる
53	ashore	əʃɔ́ə	副	浜に、岸に
54	assault	əsɔ́ːlt	名	急襲、攻撃、暴行
55	assortment	əsɔ́ətmənt	名	各種取り揃えたもの
56	astonishment	əstɑ́nɪʃmənt	名	驚き、驚くようなこと
57	asylum	əsáɪləm	名	保護施設
58	atop	ətɑ́p	副	頂上に
59	attentive	əténtɪv	形	用心深い、思いやりのある
60	attic	ǽtɪk	名	屋根裏
61	attire	ətáɪə	名	衣装
62	attorney	ətɔ́ːni	名	代理人、弁護士
63	audacity	ɔːdǽsəti	名	厚かましさ、ずぶとさ
64	audible	ɔ́ːdəbl	形	聞こえる
65	avail	əvéɪl	動	利用する
66	aversion	əvɔ́ːʒən	名	反感、嫌悪
67	awhile	əwáɪl	副	しばらく
68	awkwardly	ɔ́kwədli	副	不器用に、きまり悪そうに
69	bachelor	bǽtʃələ	名	独身男性、学士
70	bait	beɪt	名	えさ

No	単語	発音記号	品詞	意味
71	**bald**	bɔ́ːld	形	はげた、飾り気のない
72	**bandage**	bǽndɪdʒ	名	包帯
73	**banner**	bǽnɚ	名	旗印、垂れ幕
74	**banquet**	bǽŋkwɪt	名	宴会、ごちそう
75	**barbed**	bɑːbd	形	とげのある、辛辣な
76	**barefoot**	ˈbɛərfʊt	形	はだしの
77	**barren**	bǽrən	形	不毛の、不妊の
78	**bastard**	bǽstɚd	名	やつ、偽物
79	**beak**	bíːk	名	くちばし、かぎ鼻
80	**bearded**	ˌbɪədɪd	形	あごひげのある
81	**beforehand**	bɪˈfɔːrhænd	副	あらかじめ、前もって
82	**behold**	bəhóʊld	動	見る
83	**benevolent**	bənévələnt	形	慈悲深い、親切な
84	**berth**	bɚ́ːθ	名	(船・列車などの) 寝台
85	**bestow**	bɪstóʊ	動	授ける
86	**betrayal**	bɪtréɪəl	名	裏切り、密告
87	**beware**	bɪwéɚ	動	用心する
88	**bewilderment**	bɪwíldɚmənt	名	困惑、当惑、うろたえ
89	**bid**	bíd	動	(競売で) 値をつける
90	**bizarre**	bɪzɑ́ɚ	形	異様な
91	**blast**	blǽst	名	一吹き、突風
92	**bleak**	blíːk	形	希望のない、荒涼とした
93	**blink**	blíŋk	動	まばたきする
94	**bliss**	blís	名	至福
95	**blot**	blɑ́t	名	よごれ、しみ
96	**bluff**	blʌ́f	動	はったりでだます
97	**blunt**	blʌ́nt	形	鈍い、率直な
98	**blur**	blɚ́ː	名	不明瞭なもの
99	**boisterous**	bɔ́ɪstərəs	形	騒々しい
100	**bony**	bóʊni	形	骨ばった、やせた
101	**bosom**	bʊ́zəm	名	(女性の) 胸
102	**bounce**	báʊns	動	はずむ
103	**bout**	báʊt	名	ひと勝負、発作
104	**brace**	bréɪs	動	支える、引き締める
105	**brag**	brǽg	動	自慢する

No	単語	発音記号	品詞	意味
106	breach	bríːʃ	名	違反、裏切り
107	breathless	ˈbrɛθləs	形	息もつけない
108	breeding	ˈbriːdɪŋ	名	繁殖、飼育
109	brink	bríŋk	名	瀬戸際、縁
110	brisk	brísk	形	活発な、元気の良い
111	brittle	brítl	形	もろい、不安定な
112	brood	brúːd	動	卵を抱く、じっと考える
113	brook	brʊ́k	名	小川
114	broom	brúːm	名	ほうき
115	bruise	brúːz	名	打ち身
116	brute	brúːt	名	けだもの、人でなし
117	bulky	bʌ́lki	形	かさばった
118	bully	bʊ́li	名	いじめっ子
119	bun	bʌ́n	名	丸いパン
120	bunk	bʌ́ŋk	名	(船・列車などの) 寝台
121	burial	bériəl	名	埋葬
122	burly	bɚ́ːli	形	たくましい、がっしりした
123	burnt	bɚ́ːnt	形	焼けた、焦げた
124	bustle	bʌ́sl	動	忙しく動く
125	butler	bʌ́tlɚ	名	執事
126	butt	bʌ́t	名	吸い殻、切れ端
127	calamity	kəlǽməti	名	惨事
128	cane	keɪn	名	ステッキ
129	cannon	kǽnən	名	大砲
130	canopy	kǽnəpi	名	天蓋
131	captive	kǽptɪv	形	とらわれの
132	cardboard	kάɚdbɔ̀ːd	名	ボール紙
133	caress	kərés	名	愛撫、抱擁
134	catastrophe	kətǽstrəfi	名	大惨事、大災害
135	cautiously	ˈkɔ́ʃəsli	副	注意して、慎重に
136	celestial	səléstʃəl	形	宇宙の、天国の
137	cellar	sélɚ	名	地下室
138	cemetery	sémətèri	名	墓地
139	certainty	sɚ́ːtnti	名	確信、必然性
140	champagne	ʃæmpéɪn	名	シャンパン

No	単語	発音記号	品詞	意味
141	chap	tʃˈæp	名	ひび、あかぎれ、男、やつ
142	charcoal	tʃάɚkòʊl	名	木炭
143	charred	tʃɑːrd	形	黒焦げの
144	chasm	kˈæzm	名	深い割れ目、食い違い
145	chatter	tʃˈætɚ	動	ペチャクチャしゃべる
146	cheery	tʃíəri	形	明るい、陽気な
147	cherish	tʃérɪʃ	動	大切にする、かわいがる
148	chestnut	tʃésnʌt	名	クリ
149	chilly	tʃíli	形	寒気がする
150	choir	kwάɪɚ	名	聖歌隊
151	choke	tʃəʊk	動	窒息させる、息を詰まらせる
152	chord	kˈɔɚd	名	和音、コード
153	chuckle	tʃˈʌkl	名	くすくす笑い
154	chunk	tʃˈʌŋk	名	大きなかたまり
155	clad	klˈæd	形	着た、まとった
156	clarity	klˈærəti	名	明快、透明さ
157	clasp	klˈæsp	名	留め金
158	clatter	klˈætɚ	名	カタカタいう音、騒々しい声
159	cling	klíŋ	動	しがみつく、くっつく
160	cloak	klóʊk	名	マント、おおい隠すもの
161	cloudless	ˈklaʊdləs	形	雲のない
162	clump	klˈʌmp	名	茂み、やぶ
163	clumsy	klˈʌmzi	形	ぎこちない、不器用な
164	coarse	kˈɔɚs	形	粗い、粗野な
165	coffin	kˈɔːfɪn	名	棺
166	coil	kˈɔɪl	動	ぐるぐる巻く
167	coincidence	koʊínsədns	名	同時発生、偶然の一致
168	colonel	kˈɚːnl	名	大佐
169	colossal	kəlάsl	形	巨大な、並外れた
170	commence	kəméns	動	開始する
171	commonplace	kάmənplèɪs	名	ありふれたこと、平凡なこと
172	companionship	kəˈmpænjənʃɪp	名	仲間づきあい
173	compartment	kəmpάɚtmənt	名	仕切られた空間
174	compassion	kəmpˈæʃən	名	同情
175	compensation	kàmpənséɪʃən	名	償い、賠償

No	単語	発音記号	品詞	意味
176	competent	kάmpətnt	形	有能な、能力のある
177	complacent	kəmpléɪsnt	形	自己満足の
178	complexion	kəmplékʃən	名	顔色、血色
179	compliment	kάmpləmənt	名	賛辞、あいさつ
180	composure	kəmpóʊʒɚ	名	平静
181	comprehend	kὰmprɪhénd	動	理解する
182	comrade	kάmræd	名	仲間、同志
183	conceited	kənsíːtɪd	形	うぬぼれの強い
184	confide	kənfάɪd	動	打ち明ける、信用する
185	confinement	kənfάɪnmənt	名	制限、監禁
186	confound	kənfάʊnd	動	混同する、困惑させる
187	congregation	kὰŋgrɪgéɪʃən	名	集合、会合
188	conjecture	kəndʒéktʃɚ	名	推量
189	considerably	kənsídərəbli	副	かなり
190	console	kάnsoʊl	動	慰める
191	conspicuous	kənspíkjuəs	形	はっきり見える
192	conspiracy	kənspírəsi	名	陰謀
193	consternation	kὰnstɚnéɪʃən	名	驚愕、仰天
194	contemplate	kάntəmplèɪt	動	熟考する
195	contemplation	kὰntəmpléɪʃən	名	熟考、見込み
196	contradict	kὰntrədíkt	動	矛盾する、否定する
197	converse	kənvˈɚːs	動	会話をする
198	convince	kənvíns	動	説得する、納得させる
199	coral	kˈɔːrəl	名	サンゴ
200	cordial	kˈɔɚdʒəl	形	心からの、誠心誠意の
201	corps	kˈɔɚ	名	部隊、団体
202	corpse	kˈɔɚps	名	死体
203	correspondence	kˈɔːrəspάndəns	名	文通、通信
204	couch	kάʊtʃ	名	カウチ、ソファー
205	countenance	kάʊntənəns	名	顔つき、表情
206	courtesy	kˈɚːtəsi	名	礼儀、優遇
207	courtyard	kɔ́rtjὰrd	名	中庭
208	cowardly	kάʊərdli	形	臆病な、卑劣な
209	cozy	kóʊzi	形	居心地の良い
210	crab	krˈæb	名	カニ、気難しい人

No	単語	発音記号	品詞	意味
211	crap	krǽp	名	クズ、がらくた
212	creak	kríːk	名	キーキー鳴る音
213	creek	kríːk	名	小川、入り江
214	crescent	krésnt	名	三日月
215	crest	krést	名	とさか、頂上
216	crib	kríb	名	ベビーベッド
217	crimson	krímzn	形	深紅色の
218	crisp	krísp	形	パリパリする
219	crook	krʊ́k	名	曲がったもの、泥棒
220	crude	krúːd	形	粗野な、天然のままの
221	crust	krʌ́st	名	パンの皮、堅い表面
222	cultivated	kʌ́ltəvèɪtɪd	形	洗練された、教養のある
223	curb	kɚ́ːb	名	縁石、抑制
224	curse	kɚ́ːs	動	呪う
225	custody	kʌ́stədi	名	親権、保管
226	customary	kʌ́stəmèri	形	習慣的な、慣習となっている
227	dagger	dǽgɚ	名	短剣
228	dainty	déɪnti	形	優美な、おいしい
229	damned	dǽmd	形	いまいましい
230	debris	dəbríː	名	破片、がれき
231	deceased	dɪsíːst	形	死去した
232	decent	díːsnt	形	きちんとした、礼儀正しい
233	deception	dɪsépʃən	名	だますこと
234	decidedly	dɪsáɪdɪdli	副	確かに、断固として
235	dedicated	dédɪkèɪtɪd	形	献身的な
236	deference	défərəns	名	服従、尊敬
237	defiance	dɪfáɪəns	名	挑戦、反抗的な態度
238	dejected	dɪdʒéktɪd	形	しょげた、落胆した
239	deliberate	dɪlíbərət	形	故意の、慎重な
240	delirious	dɪlíəriəs	形	興奮状態の、精神が錯乱した
241	delirium	dɪlíəriəm	名	狂乱状態、興奮状態
242	demeanor	dɪmíːnɚ	名	態度、物腰
243	den	dén	名	巣、穴
244	dent	dént	名	へこみ、くぼみ
245	depressed	dɪprést	形	意気消沈した

No	単語	発音記号	品詞	意味
246	descent	dısént	名	降下、家系
247	desolate	désələt	形	荒れ果てた
248	desperation	dèspəréıʃən	名	自暴自棄
249	destitute	déstətjù:t	形	極貧の、貧困な
250	detach	dıtˈætʃ	動	引き離す、切り離す
251	detain	dıtéın	動	拘留する、引き止める
252	devoid	dıvˈɔıd	形	欠いている
253	devour	dıváʊɚ	動	むさぼり食う
254	dew	djú:	名	しずく
255	dilapidated	dılˈæpədèıtıd	形	荒れ果てた
256	din	dín	名	騒音
257	dingy	díndʒi	形	薄汚い
258	disagreeable	dìsəgrí:əbl	形	不愉快な
259	discern	dısˈəːn	動	見分ける、識別する
260	discourse	dískɔɚs	名	講演、論文
261	discreet	dıskrí:t	形	思慮深い、慎重な
262	discretion	dıskréʃən	名	思慮分別、慎重
263	disdain	dısˈdeın	動	軽蔑する
264	disgusted	dısgˈʌstəd	形	むかつく
265	dismal	dízməl	形	陰気な、憂うつな
266	dismay	dızméı	名	ろうばい
267	dispatch	dıspˈætʃ	動	派遣する、発送する
268	disposal	dıspóʊzl	名	処分
269	disposition	dìspəzíʃən	名	気質、傾向
270	distinctive	dıstíŋktıv	形	独特の
271	distort	dıstˈɔɚt	動	ゆがめる、曲げる
272	distract	dıstrˈækt	動	気を散らす
273	disturbance	dıstˈɚːbəns	名	騒ぎ、妨害
274	ditch	dítʃ	名	溝、排水溝
275	divert	dıvˈɚːt	動	回り道させる、そらす
276	divine	dıváın	形	神の
277	dizzy	dízi	形	目が回る、めまいがする
278	doctrine	dάktrın	名	教義、主義
279	dodge	dάdʒ	動	素早く身をかわす
280	don	dάn	名	貴族、～殿

No	単語	発音記号	品詞	意味
281	doom	dú:m	名	運命、破滅、死
282	dose	d'əʊs	名	服用量の1回分
283	dough	doʊ	名	パン生地、お金
284	downcast	ˈdaʊnkæst	形	がっかりした、しおれた
285	doze	dóʊz	動	うたた寝する
286	drab	dr'æb	形	くすんだ茶色の、単調な
287	dreadful	drédfəl	形	恐ろしい
288	dreary	dríəri	形	もの寂しい、荒涼とした
289	drowsy	dráʊzi	形	眠い、眠気を誘う
290	dubious	djú:biəs	形	疑わしく思う、怪しい
291	duke	djú:k	名	公爵、君主
292	duly	djú:li	副	正当に、正しく
293	dump	d'ʌmp	動	どさっと置く、捨てる
294	dusk	d'ʌsk	名	夕暮れ時、薄暗がり
295	dwelling	ˈdwɛl.ɪŋ	名	居所
296	ebb	éb	名	引き潮、衰退
297	eerie	íəri	形	不気味な、ぞっとするような
298	elaborate	ɪlˈæbərət	形	手の込んだ、精巧な
299	elastic	ɪlˈæstɪk	形	伸縮性のある
300	elevated	éləvèɪtɪd	形	気高い、高尚な
301	eligible	élɪdʒəbl	形	資格のある、適任の
302	eloquent	éləkwənt	形	雄弁な
303	embarrassment	ɪmbˈærəsmənt	名	困惑、当惑、きまり悪さ
304	embrace	embréɪs	動	抱き締める
305	emphatic	ɪmfˈætɪk	形	強調された、際立った
306	engaging	ɛngéɪdʒɪŋ	形	魅力のある
307	eternity	ɪtˈɚːnəti	名	永遠、無限
308	exasperation	ɪgzˈæspəréɪʃən	名	憤慨、激怒
309	exceptional	eksépʃənəl	形	例外的な、異常な
310	exclamation	èkskləméɪʃən	名	絶叫、感嘆
311	exclusive	eksklú:sɪv	形	排他的な
312	execution	èksɪkjú:ʃən	名	実行、遂行、死刑執行
313	exertion	ɪgzˈɚːʃən	名	努力、行使
314	exhaustion	ɪgzˈɔːstʃən	名	消耗、疲労
315	expanse	ɪkspˈæns	名	広がり

No	単語	発音記号	品詞	意味
316	expectant	ekspéktənt	形	期待している、妊娠している
317	exquisite	ekskwízɪt	形	非常に美しい
318	extinct	ekstíŋkt	形	絶滅した
319	extract	ɪkstrˈækt	動	取り出す、抽出する
320	extravagant	ɪkstrˈævəgənt	形	ぜいたくな
321	fabric	fˈæbrɪk	名	織物、生地
322	fabulous	fˈæbjʊləs	形	驚くべき、素晴らしい
323	faculty	fˈækəlti	名	能力、大学の教員陣
324	faintly	féɪntli	副	かすかに、弱々しく
325	familiarity	fəmìliˈærəti	名	よく知っていること、精通
326	fascination	fˈæsənéɪʃən	名	魅惑、魅力
327	fathom	fˈæðəm	動	見抜く、理解する
328	fatigue	fətíːg	名	疲労
329	feeble	fíːbl	形	弱った、微弱な
330	feminine	fémənɪn	形	女性らしい
331	ferocity	fərάsəti	名	残忍さ
332	fervent	fˈɚːvənt	形	熱心な、熱烈な
333	feverish	fíːvərɪʃ	形	熱っぽい
334	fidelity	fɪdéləti	名	忠実、忠誠
335	fiercely	ˈfɪəsli	副	狂暴に、激しく
336	filthy	fílθi	形	汚い、下品な
337	flap	flˈæp	動	はためく、羽ばたく
338	flatter	flˈætɚ	動	お世辞を言う
339	flaw	flˈɔː	名	きず、割れ目、欠点
340	flicker	flíkɚ	動	明滅する
341	fling	flíŋ	動	投げつける
342	flip	flíp	動	ひっくり返す、はじく
343	fluffy	flˈʌfi	形	ふわふわした
344	fluid	flúːɪd	形	液体の、流動性の
345	flurry	flˈɚːri	名	突風、にわか雪
346	flush	flˈʌʃ	動	顔を赤くする
347	flutter	flˈʌtɚ	動	ひらひら飛ぶ
348	foliage	fóʊliɪdʒ	名	葉、群葉
349	folly	fάli	名	愚かさ、愚行
350	forefinger	fɔ́rfiŋɡɚ	名	人さし指

No	単語	発音記号	品詞	意味
351	foremost	fˈɔːmòʊst	形	一番先の、主要な
352	forlorn	fəˈlɔːn	形	哀れな、みじめな
353	formidable	fˈɔəmɪdəbl	形	恐るべき
354	fortnight	fˈɔətnàɪt	名	2週間
355	fortress	fˈɔətrəs	名	要塞
356	foul	fάʊl	形	悪臭のする、腐った
357	fowl	fάʊl	名	家禽、鳥
358	fraction	frˈækʃən	名	破片
359	fragile	frˈædʒəl	形	もろい、はかない
360	fragment	frˈægmənt	名	破片、断片
361	fragrance	fréɪgrəns	名	香り、香水
362	frail	freɪl	形	弱った、もろい
363	frantic	frˈæntɪk	形	半狂乱の
364	fraud	frˈɔːd	名	詐欺
365	frenzy	frénzi	名	逆上、乱心
366	fret	frét	動	いらいらする、悩む
367	fright	frάɪt	名	恐怖
368	frivolous	frívələs	形	軽薄な、つまらない
369	frock	frάk	名	修道服、ゆったりした服
370	furious	fjˈʊəriəs	形	怒り狂った
371	furnace	fˈɚːnəs	名	かまど、炉
372	furnished	ˈfɚnɪʃt	形	家具付きの
373	fury	fjˈʊəri	名	憤激
374	fuss	fˈʌs	名	空騒ぎ
375	futile	fjúːtl	形	役に立たない
376	gaily	géɪli	副	陽気に、愉快に
377	gale	géɪl	名	強風
378	gallant	gˈælənt	形	勇ましい、雄々しい
379	gasp	gˈæsp	名	はっと息をのむこと
380	gaunt	gˈɔːnt	形	やせ衰えた
381	genial	dʒíːnjəl	形	愛想の良い、親切な
382	genuinely	dʒɛ́njəwənli	副	純粋に
383	ghastly	gˈæstli	形	恐ろしい、ぞっとする
384	giddy	gídi	形	めまいがする、目がくらむ
385	gifted	ˈgɪftid	形	才能に恵まれた、有能な

No	単語	発音記号	品詞	意味
386	gigantic	dʒaɪgˈæntɪk	形	巨大な、巨人のような
387	giggle	gígl	動	くすくす笑う
388	gingerly	ˈdʒɪndʒərli	副	非常に慎重に
389	glare	gléə	名	ぎらぎらする光
390	glimmer	glímə	名	ちらちらするかすかな光
391	glimpse	glímps	名	ひと目
392	glint	glínt	動	きらきら光る
393	glitter	glítə	動	ぴかぴか光る
394	gloom	glúːm	名	暗がり、陰気
395	glossy	glási	形	光沢のある
396	gracious	gréɪʃəs	形	やさしい、親切な、優雅な
397	grandeur	grˈændʒə	名	偉大さ、威厳
398	granite	grˈænɪt	名	花こう岩、みかげ石
399	grate	gréɪt	名	暖炉などの格子
400	gratitude	grˈætətjùːd	名	感謝
401	gravel	grˈævəl	名	砂利
402	gravity	grˈævəti	名	重大さ、真剣さ、重力
403	gravy	gréɪvi	名	肉汁、思いがけない収入
404	greasy	gríːsi	形	油で汚れた
405	grimace	gríməs	名	しかめっつら
406	grimly	ˈgrɪmli	副	険しい顔をして
407	groom	grúːm	動	身なりを整える ／（名）新郎
408	grotesque	groʊtésk	形	グロテスクな
409	grove	gróʊv	名	木立
410	growl	grάʊl	動	うなる
411	grunt	grˈʌnt	動	ぶうぶう言う
412	guardian	gάədiən	名	保護者、後見人
413	gulp	gˈʌlp	動	ごくごく飲む
414	gush	gˈʌʃ	動	どっと流れ出る
415	gust	gˈʌst	名	突風
416	gutter	gˈʌtə	名	排水溝、側溝
417	haggard	hˈægəd	形	やつれた
418	hail	héɪl	名	あられ、ひょう
419	hairy	héəri	形	毛深い、困難な
420	hallway	ˈhɔːlwei	名	廊下、玄関

No	単語	発音記号	品詞	意味
421	hare	héə	名	野ウサギ
422	harness	háə-nəs	名	馬具
423	harry	h'æri	動	悩ます、攻撃する
424	hatchet	h'ætʃit	名	手おの
425	haughty	h'ɔ:ti	形	横柄な、傲慢な
426	haul	h'ɔ:l	動	引っ張る、運ぶ
427	haunt	h'ɔ:nt	動	悩ます
428	haunted	h'ɔ:ntɪd	形	幽霊の出る、取り憑かれた
429	haven	héɪvən	名	避難所、安全な場所、港
430	haze	heɪz	名	もや、かすみ
431	hearth	háə-θ	名	暖炉の床、家庭
432	heave	hí:v	動	持ち上げる、放り投げる
433	heed	hí:d	動	気をつける
434	hem	hém	名	ヘリ、縁
435	hence	héns	副	それゆえに
436	hideous	hídiəs	形	恐ろしい、忌まわしい
437	hind	háɪnd	形	後部の
438	hiss	hís	動	シューッという音を立てる
439	hitch	hítʃ	動	ぐいと動かす
440	hitherto	híðə-tù:	副	今まで
441	hoarse	h'ɔə-s	形	しわがれ声の
442	hoist	h'ɔɪst	動	持ち上げる、吊り上げる
443	holly	háli	名	ヒイラギ
444	horrid	h'ɔːrɪd	形	恐ろしい
445	horrified	'hɔrəfaɪd	形	怖がっている
446	hostile	hástl	形	敵意のある
447	hound	háʊnd	名	猟犬、いやなやつ
448	hue	hjú:	名	色、色調
449	hum	h'ʌm	動	ブンブン言う、鼻歌を歌う
450	humiliation	hju:mìliéɪʃən	名	屈辱、恥
451	humility	hju:míləti	名	謙遜
452	hunch	h'ʌntʃ	名	直感、予感
453	hush	h'ʌʃ	動	静かにさせる、なだめる
454	hypothesis	haɪpάθəsɪs	名	仮説
455	immaculate	ɪmˈækjʊlət	形	しみ一つない、欠点のない

No	単語	発音記号	品詞	意味
456	imminent	ímənənt	形	差し迫った、今にも起こりそうな
457	immortal	imˈɔɚtl	形	不死の、不滅の
458	impatience	impéiʃəns	名	短気、せっかち
459	impending	impéndiŋ	形	差し迫った
460	implied	impláid	形	暗黙の、言外の
461	imprisonment	impríznmənt	名	投獄、禁固、監禁
462	improbable	imprάbəbl	形	起こりそうもない
463	incessant	insésnt	形	絶え間ない
464	inclination	ìnklənéiʃən	名	好み、意向
465	incoherent	ìnkouˈhíərənt	形	一貫しない、支離滅裂な
466	incomprehensible	ìnkὰmprihénsəbl	形	理解できない、不可解な
467	inconceivable	ìnkənsíːvəbl	形	想像もできない
468	incredulous	inkrédʒʊləs	形	容易に信じない、疑い深い
469	indication	ìndikéiʃən	名	指示、暗示
470	indignant	indígnənt	形	怒った、憤慨した
471	indispensable	ìndispénsəbl	形	絶対必要な、避けられない
472	indistinct	ìndistíŋkt	形	不明瞭な、ぼんやりした
473	induce	indjúːs	動	～するよう勧誘する
474	indulge	indˈʌldʒ	動	甘やかす
475	inevitably	inévətəbli	副	必ず、当然
476	inexplicable	ìneksplíkəbl	形	説明がつかない、不可解な
477	infinite	ínfənət	形	無限の
478	ingenious	indʒíːnjəs	形	独創的な、巧妙な
479	inheritance	inhérətəns	名	相続、遺産、遺伝
480	inmate	ˈinmeit	名	囚人、収容者
481	innumerable	injúːmərəbl	形	数え切れない、無数の
482	inquiry	inkwáiəri	名	問い合わせ、調査
483	inscription	inskrípʃən	名	銘刻
484	insolent	ínsələnt	形	横柄な、無礼な
485	inspection	inspékʃən	名	精査、検査
486	instinctively	iˈnstiŋktivli	副	本能的に
487	intact	intˈækt	形	無傷の
488	integrity	intégrəti	名	高潔、誠実
489	intensity	inténsəti	名	強烈
490	intently	iˈntɛntli	副	熱心に、ひたすら

No	単語	発音記号	品詞	意味
491	interruption	ìntərʌ́pʃən	名	妨害、中断
492	intersection	ìntə-sékʃən	名	交差、交差点
493	intervention	ìntə-vénʃən	名	介入、仲裁
494	intimate	íntəmət	形	親密な
495	intolerable	ìntάlərəbl	形	耐えられない、我慢できない
496	intricate	íntrɪkət	形	複雑な
497	intruder	ɪn'truː.də	名	侵入者、乱入者
498	intuition	ìntjuíʃən	名	直感
499	invalid	ínvəlɪd	形	病弱な、無効な
500	invariably	ìnvéəriəbli	副	変わることなく、いつも
501	involuntary	ìnvάləntèri	形	無意識な、嫌々ながらの
502	irresistible	ìrɪzístəbl	形	抵抗できない、魅力的な
503	irritate	írətèɪt	動	いらいらさせる、怒らせる
504	isolation	àɪsəléɪʃən	名	孤立、孤独
505	ivy	áɪvi	名	ツタ
506	jagged	dʒ'ægɪd	形	ぎざぎざの
507	jerk	dʒ'ə·ːk	名	ぐいと引くこと、まぬけ
508	jest	dʒést	名	しゃれ
509	jolly	dʒάli	形	楽しい、陽気な
510	jolt	dʒóʊlt	名	急激な揺れ
511	joyous	dʒ'ɔɪəs	形	喜びに満ちた
512	jug	dʒ'ʌg	名	水差し
513	jumble	dʒ'ʌmbl	動	乱雑にする
514	jury	dʒ'ʊəri	名	陪審
515	keenly	kínli	副	鋭く、激しく
516	kin	kɪn	名	親族、血縁
517	knack	n'æk	名	こつ、技巧
518	lad	l'æd	名	若者、元気のいい男
519	landlord	l'ændl'ɔ·d	名	大家
520	languid	l'æŋgwɪd	形	気だるい、物憂い
521	lapse	l'æps	名	経過、間違い
522	latch	l'ætʃ	名	ドアの掛け金
523	lavish	l'ævɪʃ	形	気前のよい、豪華な
524	ledge	lédʒ	名	棚
525	legitimate	lɪdʒítəmət	形	筋の通った、合法の

No	単語	発音記号	品詞	意味
526	leisurely	líːʒəli	形	ゆっくりした、ゆったりした
527	lesser	lésə	形	小さいほうの、より重要でない
528	lest	lést	接	〜するといけないから
529	liable	láɪəbl	形	責任があって、〜しがちな
530	lieutenant	luːténənt	名	大尉、副官、警部補、中尉
531	lime	láɪm	名	ライム、石灰
532	limp	límp	動	足を引きずる
533	linger	líŋgə	動	居残る
534	lining	láɪnɪŋ	名	裏地
535	listless	ˈlɪstləs	形	元気のない、無関心な
536	litter	lítə	名	がらくた
537	lofty	lˈɔːfti	形	高尚な、高慢な、非常に高い
538	longing	lˈɔːŋɪŋ	名	あこがれ
539	lottery	látəri	名	くじ引き、抽選
540	luminous	lúːmənəs	形	光を発する、輝く
541	lunatic	lúːnətìk	名	精神異常者、変人
542	mahogany	məhágəni	名	マホガニー
543	maiden	méɪdn	形	未婚の、初めての
544	malice	mˈælɪs	名	悪意、敵意
545	mane	méɪn	名	たてがみ、長髪
546	mantelpiece	ˈmæntlpìːs	名	マントルピース、炉棚
547	mantle	mˈæntl	名	マント、外套
548	manuscript	mˈænjʊskrìpt	名	原稿
549	maze	méɪz	名	迷路、当惑
550	meddle	médl	動	干渉する
551	meek	míːk	形	おとなしい、意気地のない
552	mellow	méloʊ	形	熟した、芳醇な
553	merriment	mérɪmənt	名	陽気な騒ぎ
554	midst	mídst	名	真ん中、さなか
555	midway	mídwèi	副	中途に、中ほどに
556	mirth	mˈəːθ	名	歓喜、陽気
557	mischievous	místʃivəs	形	いたずら好きな、お茶目な
558	mob	máb	名	暴徒
559	mock	mák	動	あざける、まねてばかにする
560	mole	móʊl	名	ほくろ、あざ、モグラ

No	単語	発音記号	品詞	意味
561	momentary	móʊməntèri	形	瞬間的な、つかの間の
562	monstrous	mánstrəs	形	恐るべき、怪物のような
563	morbid	mˈɔəˈbɪd	形	病的な、病気の
564	morose	məróʊs	形	不機嫌な、気難しい
565	mortal	mˈɔətl	形	死の、致命的な
566	mortar	mˈɔətə	名	モルタル、しっくい
567	mound	máʊnd	名	塚、小山
568	mourn	mˈɔːrn	動	嘆く、悲しむ
569	multitude	mˈʌltətjùːd	名	多数、大衆
570	murky	mˈəːki	形	陰気な、曇っている、暗い
571	muscular	mˈʌskjʊlə	形	たくましい、力強い
572	mustache	mˈʌstæʃ	名	口ひげ
573	muster	mˈʌstə	動	奮い起こす、召集する
574	mutter	mˈʌtə	動	つぶやく
575	muzzle	mˈʌzl	名	鼻口部、鼻面
576	narrative	nˈærətɪv	名	物語、説話
577	naughty	nˈɔːti	形	行儀の悪い
578	nausea	nˈɔːziə	名	吐き気、むかつき
579	neatly	ˈniːtli	副	きちんと、手際よく
580	nick	ník	名	切り込み、刑務所
581	nonetheless	nˈʌnðəlés	副	それにもかかわらず
582	nook	nˈʊk	名	隅、人目につかない所
583	notorious	noʊtˈɔːriəs	形	悪名高い
584	notwithstanding	nàtwɪθstˈændɪŋ	前	〜にもかかわらず
585	novelty	nˈávəlti	名	珍しさ、新規性
586	nuisance	njúːsns	名	迷惑なもの、厄介者
587	numb	nˈʌm	形	かじかんだ、まひした
588	oath	óʊθ	名	誓い
589	objection	əbdʒékʃən	名	反対、異議、難点
590	oblivious	əblíviəs	形	忘れて、気づかないで
591	obscure	abskjˈʊə	形	無名の、あいまいな
592	obsession	abséʃən	名	妄想、執念、強迫観念
593	obstacle	ábstəkl	名	障害
594	obstinate	ábstənət	形	がんこな
595	occurrence	əkˈəːrəns	名	発生、事件

No	単語	発音記号	品詞	意味
596	odor	ˈoʊ.də	名	におい
597	offspring	ˈɑfsprɪŋ	名	子孫
598	ominous	ɑ́mənəs	形	不吉な、険悪な
599	oppressive	əprésɪv	形	圧制的な、耐え難い
600	ordeal	ɔədíːl	名	厳しい試練
601	orderly	ˈɔəda-li	形	整頓された、秩序ある
602	orphan	ˈɔəfən	名	孤児
603	outburst	ˈaʊtbəːst	名	爆発、噴出
604	outfit	ɑ́ʊtfɪt	名	服装一式、団体
605	outrage	ɑ́ʊtrèɪdʒ	名	激怒、侮辱
606	outright	àʊtráɪt	副	公然と、徹底的に
607	outskirts	ɑ́ʊtsk'əːts	名	郊外
608	oval	óʊvəl	形	楕円形の
609	overgrown	ˌoʊvərˈgroun	形	一面に茂った
610	palpable	p'ælpəbl	形	明白な、容易にわかる
611	pane	péɪn	名	窓ガラス
612	pang	p'æŋ	名	心の苦しみ、激痛
613	parish	p'ærɪʃ	名	教区
614	parlor	pɑ́əla-	名	客間、応接間
615	parting	pɑ́ətɪŋ	名	別れ
616	pathetic	pəθétɪk	形	哀れな、痛ましい
617	paw	p'ɔː	名	動物の足、手
618	pebble	pébl	名	小石
619	peculiarly	pɪkjúljə-li	副	奇妙に、特に
620	pedestal	pédɪstl	名	台、根拠
621	peep	píːp	動	のぞき見する
622	penetrate	pénətrèɪt	動	貫く、浸透する
623	pensive	pénsɪv	形	考え込んだ、悲しげな
624	perch	p'əːtʃ	名	（鳥の）止まり木
625	peril	pérəl	名	危険
626	perpetual	pə-pétʃuəl	形	絶え間ない
627	perplexity	pə-pléksəti	名	当惑、困惑
628	persistent	pə-sístənt	形	持続する、根気強い
629	perspective	pə-spéktɪv	名	見方、考え方
630	perspiration	p'əːspəréɪʃən	名	汗、発汗

No	単語	発音記号	品詞	意味
631	perverse	pɚ'ɚ:s	形	ひねくれた、あまのじゃくな
632	petition	pətíʃən	名	請願書、申請書
633	petty	péti	形	心が狭い、ささいな
634	pillar	pílɚ	名	柱
635	pint	páɪnt	名	パイント（液量の単位）
636	pious	páɪəs	形	敬虔な
637	pitiful	pítɪfəl	形	哀れな
638	placid	pl'æsɪd	形	穏やかな
639	plague	pléɪg	名	伝染病、ペスト
640	plank	pl'æŋk	名	厚板、政策
641	plaster	pl'æstɚ	名	しっくい
642	plausible	pl'ɔːzəbl	形	もっともらしい
643	plea	plíː	名	口実、嘆願
644	pledge	plédʒ	名	誓約、約束、抵当
645	plight	plάɪt	名	苦境、窮状
646	pluck	pl'ʌk	動	勢いよく引っ張る
647	plump	pl'ʌmp	形	ぽっちゃりした
648	pointless	ˌpɔɪntləs	形	無意味な、無益な
649	poised	pɔɪzd	形	落ち着いた、準備ができた
650	poke	pəʊk	動	つっつく
651	ponderous	pάndərəs	形	重々しい、どっしりした
652	porcelain	p'ɔɚsəlɪn	名	磁器
653	posture	pάstʃɚ	名	姿勢、態度
654	pounce	páʊns	動	急に飛びかかる
655	precaution	prɪk'ɔːʃən	名	予防対策
656	precision	prɪsíʒən	名	正確、精密
657	pregnant	prégnənt	形	妊娠している
658	preliminary	prɪlímənèri	形	予備的な、準備の
659	premature	prìːmətjʊɚ	形	早すぎる、早計の
660	preoccupied	prìːάkjʊpὰɪd	形	夢中の、心を奪われた
661	presume	prɪzúːm	動	仮定する
662	pretense	príːtens	名	見せかけ、偽りの行為
663	pretext	príːtekst	名	口実
664	prey	pɹeɪ	名	獲物
665	prick	prík	動	ちくりと刺す

No	単語	発音記号	品詞	意味
666	prior	práɪɚ	形	前の、先の
667	proceeding	prəsíːdɪŋ	名	法的手続き、出来事
668	profound	prəfάʊnd	形	深い
669	prone	pròʊn	形	～する傾向がある
670	proposition	prὰpəzíʃən	名	提案、陳述、主張
671	proprietor	prəprάɪətɚ	名	所有者、経営者
672	providence	prάvədns	名	摂理、神意
673	puddle	pʼʌdl	名	水たまり
674	puff	pʼʌf	名	ひと吹き、息
675	pulpit	pʼʊlpɪt	名	説教壇、演壇
676	pulse	pʼʌls	名	脈拍
677	quaint	kwéɪnt	形	古風な趣のある、風変わりな
678	queer	kwíɚ	形	風変わりな、怪しい
679	quilt	kwílt	名	キルト
680	quiver	kwívɚ	動	揺れる、震える
681	radiant	réɪdiənt	動	光を放つ、輝く
682	raft	rʼæft	名	いかだ、救命ボート
683	rapture	rʼæptʃɚ	名	狂喜、歓喜
684	rash	rʼæʃ	形	早まった、軽率な
685	readiness	rédinəs	名	用意ができていること
686	realm	rélm	名	領域、王国
687	reasoning	ríːzənɪŋ	名	推論
688	reassure	rìːəʃʼʊɚ	動	安心させる、再保証する
689	recite	rɪsάɪt	動	暗唱する
690	reckless	rékləs	形	無謀な
691	reckon	rékən	動	推定する、みなす、考える
692	recollection	rèkəlékʃən	名	記憶、回想
693	reconcile	rékənsὰɪl	動	調和させる、仲直りさせる
694	reddish	rédɪʃ	形	赤みを帯びた
695	refrain	rɪfréɪn	動	控える
696	regiment	rédʒəmənt	名	連隊、大群
697	rein	reɪn	名	手綱、統制
698	relentless	rɪˈlentlɪs	形	冷酷な、容赦ない
699	relish	rélɪʃ	動	楽しむ、味わう
700	reluctantly	rɪˈlʌktʌntli	副	渋々、不承不承に

No	単語	発音記号	品詞	意味
701	remainder	rıméındɚ	名	残り、余り
702	remorse	rımˈɔːs	名	良心の呵責
703	render	réndɚ	動	～にする、与える
704	repent	rıpént	動	後悔する
705	repentance	rıpéntəns	名	後悔、悔恨
706	repetition	rèpətíʃən	名	繰り返し、反復
707	repose	rıpóʊz	名	休息
708	reproach	rıpróʊtʃ	動	しかる、責める
709	resemblance	rızémbləns	名	類似、似ていること
710	resentment	rızéntmənt	名	憤り、怒り
711	resignation	rèzıgnéıʃən	名	辞職、辞任
712	resolute	rézəlùːt	形	断固とした
713	restless	réstləs	形	落ち着かない、不安な
714	retiring	rıtáıərıŋ	形	内気な、引退の
715	revelation	rèvəléıʃən	名	暴露、新事実
716	reverence	révərəns	名	尊敬
717	reverie	révəri	名	空想、幻想
718	revulsion	rıvˈʌlʃən	名	反感、嫌悪
719	riddle	rídl	名	なぞなぞ
720	ridge	rídʒ	名	尾根
721	righteous	ráıtʃəs	形	公正な、正義の
722	rigid	rídʒıd	形	厳格な
723	rim	rím	名	縁、へり
724	riot	ráıət	名	暴動、騒動
725	rip	ríp	動	切り裂く
726	ripple	rípl	名	さざ波
727	ritual	rítʃuəl	名	儀式
728	roam	ɹoʊm	動	うろつく、放浪する
729	robust	roʊbˈʌst	形	頑丈な
730	rot	rάt	動	腐る、やつれる
731	rouse	ráʊz	動	目覚めさせる、奮起させる
732	rubbish	rˈʌbıʃ	名	くず、ごみ
733	ruddy	rˈʌdi	形	血色の良い、赤い
734	rue	rúː	動	後悔する
735	rum	rˈʌm	名	ラム酒

No	単語	発音記号	品詞	意味
736	rumble	rʌmbl	動	ガラガラ鳴る、グーグー鳴る
737	rust	rʌst	名	さび
738	rustic	rʌstɪk	形	田舎の、質朴な
739	rustle	rʌsl	動	さらさら音を立てる
740	rusty	rʌsti	形	さびた、さびついた
741	ruthless	rúːθləs	形	無慈悲な
742	salute	səlúːt	動	敬礼する、あいさつする
743	salvation	sælvéɪʃən	名	救助
744	sane	seɪn	形	正気の
745	sarcasm	sάɚkæzm	名	皮肉、いやみ
746	satin	sˈætn	名	サテン
747	savage	sˈævɪdʒ	形	残忍な
748	scarlet	skάɚlət	名	緋色
749	scatter	skˈætɚ	動	まき散らす
750	scorn	skˈɔɚn	名	軽蔑
751	scowl	skάʊl	動	顔をしかめる
752	scramble	skrˈæmbl	動	よじ登る、緊急発進する
753	scrape	skreɪp	動	こすり落とす
754	scrub	skrˈʌb	動	こすって洗い落とす
755	scrutiny	skrúːtəni	名	精密な調査
756	secluded	sɪkludɪd	形	人里離れた、隔離された
757	secrecy	síːkrəsi	名	秘密、内密
758	senseless	sénsləs	形	意識を失った、無分別な
759	sequence	síːkwəns	名	順序、連続
760	serene	səríːn	形	静かな、穏やかな、晴れた
761	sergeant	sάɚdʒənt	名	巡査部長、軍曹
762	sermon	sˈɚːmən	名	説教
763	serpent	sˈɚːpənt	名	ヘビ、悪意ある人
764	shabby	ʃˈæbi	形	みすぼらしい
765	shaft	ʃˈæft	名	シャフト、柄
766	shaggy	ʃˈægi	形	毛深い、毛むくじゃらの
767	shaky	ʃéɪki	形	揺れる、不安定な
768	sheepish	ʃíːpɪʃ	形	内気な、おどおどした
769	sheer	ʃíɚ	形	本当の、ごく薄い
770	shiver	ʃívɚ	動	震える

No	単語	発音記号	品詞	意味
771	shove	ʃʌ́v	動	ぐいっと押す
772	shrewd	ʃrúːd	形	鋭敏な、洞察力のある
773	shriek	ʃríːk	動	金切り声を出す
774	shrill	ʃríl	形	かん高い
775	shrug	ʃrʌ́g	動	肩をすくめる
776	shudder	ʃʌ́dɚ	動	震える
777	silhouette	sìluét	名	シルエット、輪郭
778	sincerity	sɪnsérəti	名	誠実、正直
779	sinister	sínɪstɚ	形	悪意のある、不気味な
780	sip	síp	動	少しずつ飲む
781	skinny	skíni	形	骨と皮ばかりの
782	skull	skʌ́l	名	頭蓋骨
783	slab	slǽb	名	厚板、石板、厚切り
784	slack	slǽk	形	ゆるい、不景気な
785	slam	slǽm	動	バタンと閉める
786	slate	sléɪt	名	粘板岩、石板
787	slaughter	slɔ́ːtɚ	名	虐殺、屠殺
788	sleek	slíːk	形	なめらかな
789	slick	slík	形	なめらかな、口のうまい
790	slumber	slʌ́mbɚ	動	まどろむ、活動を休止する
791	sly	sláɪ	形	ずるい、いたずらな
792	smack	smǽk	動	ぶつかる、平手で叩く
793	smelt	smélt	動	溶解する
794	smirk	smɚ́ːk	動	にやにや笑う
795	smoky	smóʊki	形	くすぶる、煙の多い
796	smug	smʌ́g	形	自己満足の
797	snarl	snάɚl	動	歯をむき出してうなる
798	sneak	sníːk	動	こそこそと入る
799	sneer	sníɚ	動	あざ笑う
800	sniff	sníf	動	くんくんとかぐ、鼻をすする
801	snort	snɔ́ɚt	動	鼻を鳴らす
802	snuff	snʌ́f	動	くんくんかぐ
803	snug	snʌ́g	形	気持ちのよい、くつろげる
804	soak	sóʊk	動	浸す、ずぶぬれにする
805	sober	sóʊbɚ	形	しらふの

No	単語	発音記号	品詞	意味
806	sodden	sάdn	形	びしょぬれの
807	soggy	sάgi	形	ずぶぬれの
808	solace	sάləs	名	慰め
809	solemn	sάləm	形	荘厳な
810	solitary	sάlətèri	形	孤独の、孤立した
811	somber	sάmbə	形	陰気な、憂鬱な
812	soot	s'ʊt	名	すす
813	soothe	súːð	動	なだめる
814	sorely	ˈsɔːrli	副	非常に、ひどく
815	sorrowful	sάroʊfəl	形	悲嘆に暮れた
816	spacious	spéɪʃəs	形	広々とした
817	specimen	spésəmən	名	見本、標本
818	speck	spék	名	少量、小さい点
819	speculate	spékjʊlèɪt	動	推測する、投機する
820	spine	spάɪn	名	脊柱、脊椎
821	spit	spít	動	吐く
822	spontaneous	spantéɪnɪəs	形	自発的な
823	squad	skwάd	名	分隊、チーム
824	squat	skwάt	動	しゃがむ、うずくまる
825	stab	st'æb	動	刺す
826	stack	st'æk	名	積み重ね
827	staircase	stéəkèɪs	名	階段
828	stale	steɪl	形	古くさい、陳腐な
829	stalk	st'ɔːk	動	あとをつける、つきまとう
830	stark	stάək	形	飾り気のない、荒涼とした
831	startling	stάrtlɪŋ	形	驚くべき
832	stately	stéɪtli	形	堂々とした、威厳のある
833	stature	st'ætʃə	名	身長
834	stench	sténtʃ	名	悪臭
835	stillness	stílnəs	名	静けさ
836	stink	stíŋk	動	悪臭を放つ
837	stool	stúːl	名	腰掛け、スツール
838	stoop	stúːp	動	かがむ
839	stout	stάʊt	形	じょうぶな、太った
840	straightforward	ˈstreɪˈtfɔrwəd	形	率直な、正直な

No	単語	発音記号	品詞	意味
841	strand	stráend	動	立ち往生させる
842	strangle	stráengl	動	窒息死させる
843	stray	streɪ	動	さまよう、はぐれる
844	streak	stríːk	名	筋、しま
845	stricken	stríkən	形	打ちひしがれた
846	stroll	stróʊl	動	ぶらつく
847	stubble	stʌbl	名	無精髭
848	stuffy	stʌfi	形	風通しの悪い、堅苦しい
849	stump	stʌmp	名	切り株
850	stunning	stʌnɪŋ	形	びっくりさせる、素晴らしい
851	sturdy	stə́ːdi	形	丈夫な、たくましい
852	subdued	sʌbdjúːd	形	抑えられた、静かな
853	sublime	səbláɪm	形	荘厳な
854	subsequent	sʌbsɪkwənt	形	続いて起こる
855	subtle	sʌtl	形	微妙な、緻密な
856	succession	səkséʃən	名	連続、継承
857	sullen	sʌlən	形	不機嫌な
858	superficial	sùːpəfíʃəl	形	表面的な、浅薄な
859	superfluous	sʊpə́ːfluəs	形	余分な、不必要な
860	superiority	sʊpìəriɔ́ːrəti	名	優越
861	superstition	sùːpəstíʃən	名	迷信
862	suppress	səprés	動	抑圧する
863	surf	sə́ːf	名	打ち寄せる波
864	surge	sə́ːdʒ	動	わき立つ、急上昇する
865	suspense	səspéns	名	不安、未定の状態
866	swamp	swámp	名	沼地
867	swarm	swɔ́əm	名	群れ、大群
868	sway	sweɪ	動	ゆさぶる、影響を与える
869	swelling	swélɪŋ	名	膨張、腫れ
870	swiftly	swíftli	副	迅速に
871	swollen	swɒlən	形	膨らんだ
872	syllable	síləbl	名	音節、シラブル
873	tan	tǽn	名	日焼け、小麦色
874	tangible	tǽndʒəbl	形	触れられる、有形の、明白な
875	tangle	tǽŋgl	名	もつれ、混乱

No	単語	発音記号	品詞	意味
876	taut	t'ɔ:t	形	ピンと張られた
877	tavern	t'ævə-n	名	居酒屋、宿屋
878	tedious	tí:diəs	形	退屈な
879	telegraph	téləgr'æf	名	電報
880	temperament	témpərəmənt	名	気質
881	tempest	témpəst	名	大嵐、大騒動
882	tempting	témptɪŋ	形	魅力的な
883	testament	téstəmənt	名	証明するもの、遺言
884	testimony	téstəmòʊni	名	証言
885	texture	tékstʃə-	名	質感、織地
886	thee	(弱)ði (強)ðí:	代名	なんじを (古語)
887	thereafter	ðèə-'æftə-	副	その後
888	thereby	ðɛrbáɪ	副	それによって
889	thicket	θíkɪt	名	やぶ、茂み
890	thigh	θáɪ	名	大腿、もも
891	thou	θáʊ	代名	なんじ、そなた (古語)
892	threshold	θréʃhòʊld	名	敷居、閾値
893	throb	θráb	動	ずきずき痛む、鼓動する
894	throng	θr'ɔ:ŋ	名	群衆
895	thrust	θr'ʌst	動	ぐいぐいと押す
896	thud	θʌ́d	名	ドシンという音
897	thump	θʌ́mp	動	ドンと打つ
898	thy	ðaɪ	形	なんじの
899	tick	tík	名	カチカチという音、チェックマーク
900	tilt	tílt	名	傾き、攻撃
901	timber	tímbə-	名	材木、木材
902	timid	tímɪd	形	臆病な、内気な
903	tinge	tíndʒ	名	色合い
904	tint	tínt	名	色合い、ほのかな色
905	tiresome	táɪə-səm	形	退屈な、うんざりする
906	toil	t'ɔɪl	動	骨折って働く
907	toll	toʊl	名	通行料、損害
908	torment	t'ɔə-ment	名	激痛、苦悩
909	torrent	t'ɔ:rənt	名	急流、殺到
910	torture	t'ɔə-tʃə-	名	拷問

No	単語	発音記号	品詞	意味
911	tow	tóʊ	動	引っ張る
912	traitor	tréɪtɚ	名	裏切り者
913	tramp	trˈæmp	動	ドシンドシンと歩く
914	trance	trˈæns	名	夢中、恍惚
915	tranquil	trˈæŋkwəl	形	穏やかな、平穏な
916	transparent	trænspˈærənt	形	透明な
917	treachery	trétʃəri	名	裏切り、背信行為
918	tremble	trémbl	動	震える
919	tremendous	trəméndəs	形	巨大な、途方もない
920	tremor	trémɚ	名	揺れ、震え
921	tremulous	trémjʊləs	形	震えた、臆病な
922	tribute	tríbjuːt	名	賛辞、贈り物
923	trickle	tríkl	動	したたる、漏れる
924	trifle	tráɪfl	名	つまらないもの、少量
925	triumphant	traɪˈʌmfənt	形	勝利を得た
926	trivial	tríviəl	形	ささいな、つまらない
927	trot	trát	名	早足
928	trough	trˈɔːf	名	雨どい、かいばおけ
929	tug	tˈʌg	動	強く引く
930	tumble	tˈʌmbl	動	倒れる、急落する
931	tumult	tjúːmʌlt	名	大騒ぎ
932	turmoil	tˈɚːmɔɪl	名	騒ぎ
933	twig	twíg	名	小枝
934	twitch	twítʃ	動	ぴくぴく動かす、ぐいと引く
935	unbearable	ˌʌnbéərəbl	形	耐えられない
936	uncanny	ʌnkˈæni	形	異様な、神秘的な
937	undertaking	ˌʌndɚtéɪkɪŋ	名	仕事を引き受けること、約束
938	undo	ˌʌndúː	動	脱ぐ、元に戻す
939	unfold	ˌʌnfóʊld	動	開く、広げる
940	unison	júːnəsn	名	調和、一致
941	unkempt	ˌʌnkémpt	形	モジャモジャの、だらしのない
942	unsettled	ˌʌnsétld	形	不安定な、変わりやすい
943	untidy	ˌʌntáɪdi	形	だらしない、乱雑な
944	uproar	ˈʌprˈɔɚ	名	騒動
945	upside	ˈʌpsàɪd	名	上側、上部

No	単語	発音記号	品詞	意味
946	urgency	ˈəːdʒənsi	名	緊急、切迫
947	utmost	ˈʌtmòust	形	最大限の、極度の
948	utterance	ˈʌtərəns	名	発言、発話
949	vacant	véikənt	形	空の、あいている
950	vaguely	ˈvegli	副	漠然と、あいまいに
951	vanity	vˈænəti	名	虚栄心、うぬぼれ
952	varied	véərid	形	様々な、変化のある
953	vault	vˈɔːlt	名	アーチ形天井、金庫室
954	vein	véin	名	静脈、血管
955	velvet	vélvit	名	ビロード、ベルベット
956	venerable	vénərəbl	形	尊敬すべき、立派な
957	vengeance	véndʒəns	名	復讐、報復
958	venom	vénəm	名	毒液、悪意
959	vent	vént	名	穴、はけ口
960	verdict	vˈəːdɪkt	名	評決
961	verge	vˈəːdʒ	名	端
962	vertical	vˈəːtɪkəl	形	垂直の
963	vicinity	vəsínəti	名	周辺、近所
964	vicious	víʃəs	形	悪意のある
965	vigorous	vígərəs	形	精力的な、活気のある
966	vile	vˈáɪl	形	不快な、下劣な
967	villain	vílən	名	悪役、悪党
968	virtually	vˈəːtʃuəli	副	実質的には、事実上
969	virtuous	vˈəːtʃuəs	形	高潔な、徳の高い
970	void	vˈɔɪd	形	欠けた、無効の
971	vomit	vάmɪt	動	吐く
972	vulgar	vˈʌlgə	形	俗悪な、野卑な、下品な
973	vulnerable	vˈʌlnərəbl	形	弱い、攻撃されやすい
974	wail	weɪl	動	声をあげて泣く
975	waistcoat	wéskət	名	チョッキ、ベスト
976	warehouse	wéəhàus	名	倉庫、貯蔵所
977	warrant	wˈɔːrənt	名	証明書、令状
978	wary	wéəri	形	用心深い、慎重な
979	weary	wíəri	形	疲れた、うんざりした
980	weird	wíəd	形	奇妙な

No	単語	発音記号	品詞	意味
981	whatsoever	hwὰtsoυévɚ	副	少しの～も
982	whereabouts	hwéɚ-əbὰυts	副	どの辺りに
983	whereas	wèɚ-ˈæz	接	～であるのに
984	whiff	hwíf	名	ほのかな香り
985	whim	hwím	名	気まぐれ、むら気
986	whirl	(h)wˈɚːl	動	ぐるぐる回る
987	wholesome	hóυlsəm	形	健康に良い、健全な
988	willow	wíloυ	名	ヤナギ
989	witty	wíti	形	機知に富んだ
990	woe	woυ	名	悲哀、悩み
991	wont	wˈɔːnt	形	慣れた、常として
992	worship	wˈɚːʃip	名	崇拝、尊敬
993	wrath	rˈæθ	名	激怒
994	wreck	rék	名	難破
995	wretch	rétʃ	名	不幸な人、みじめな人
996	wretched	rétʃid	形	悲惨な、みじめな
997	wrinkle	ríŋkl	名	しわ
998	wry	rάɪ	形	しかめっ面の、皮肉な
999	ye	(弱)ji; (強) jíː	代名	なんじら（古語）
1000	zeal	zíːl	名	熱意、熱心

「洋書を読むためにまず覚えるべき厳選 1000 単語リスト」の参考洋書リスト

No	書名	著者	邦訳タイトル
1	1984	ジョージ・オーウェル	1984 年
2	A Christmas Carol	チャールズ・ディケンズ	クリスマス・キャロル
3	A French Girl in New York	アンナ・アダムズ	
4	A Little Princess	フランシス・ホジソン・バーネット	小公女
5	A Prisoner of Birth	ジェフリー・アーチャー	誇りと復讐
6	A Promised Land	バラク・オバマ	約束の地 大統領回顧録
7	A Study in Scarlet	コナン・ドイル	緋色の研究
8	A Tale of Two Cities	チャールズ・ディケンズ	二都物語
9	Adventures of Huckleberry Finn	マーク・トウェイン	ハックルベリー・フィンの冒険
10	Adventures of Sherlock Holmes	コナン・ドイル	シャーロック・ホームズの冒険
11	After the Quake Stories	村上春樹	神の子どもたちはみな踊る
12	Alice's Adventures in Wonderland	ルイス・キャロル	不思議の国のアリス
13	And Then There Were None	アガサ・クリスティ	そして誰もいなくなった
14	Anna Karenina	レフ・トルストイ	アンナ・カレーニナ
15	Anne of Green Gables	ルーシー・モード・モンゴメリ	赤毛のアン
16	Around the World in Eighty Days	ジュール・ヴェルヌ	八十日間世界一周
17	Becoming	ミシェル・オバマ	マイ・ストーリー

No	書名	著者	邦訳タイトル
18	Blind Willow, Sleeping Woman	村上春樹	めくらやなぎと眠る女
19	Breakfast at Tiffany's	トルーマン・カポーティ	ティファニーで朝食を
20	Bridget Jones's Diary	ヘレン・フィールディング	ブリジット・ジョーンズの日記
21	Charlotte's Web	E・B・ホワイト	シャーロットのおくりもの
22	Confessions of a Shopaholic	ソフィー・キンセラ	買い物中毒のひそかな夢と欲望
23	Crime and Punishment	フョードル・ドストエフスキー	罪と罰
24	Daddy-Long-Legs	ジーン・ウェブスター	あしながおじさん
25	Dance Dance Dance	村上春樹	ダンス・ダンス・ダンス
26	David Copperfield	ディッケンズ	デイヴィッド・コパフィールド
27	Do Androids Dream of Electric Sheep?	フィリップ・キンドレド・ディック	アンドロイドは電気羊の夢を見るか？
28	Educated	タラ・ウェストーバー	エデュケーション 大学は私の人生を変えた
29	Eleanor Oliphant is Completely	ゲイル・ハニーマン	
30	Emma	ジェーン・オースティン	エマ
31	Every Breath	ニコラス・スパークス	きみと息をするたびに
32	Flowers For Algernon	ダニエル・キース	アルジャーノンに花束を
33	Forrest Gump	ウィンストン・グルーム	フォレスト・ガンプ／一期一会
34	Frankenstein	メアリー・シェリー	フランケンシュタイン

No	書名	著者	邦訳タイトル
35	Game of Thrones	ジョージ・R・R・マーティン	七王国の玉座
36	Gone with the Wind	マーガレット・ミッチェル	風と共に去りぬ
37	Great Expectations	ディケンズ	大いなる遺産
38	Grimms' Fairy Tales	ヤーコプ・グリム、ヴィルヘルム・グリム	グリム童話
39	Harry Potter and the Chamber of Secrets	J・K・ローリング	ハリー・ポッターと秘密の部屋
40	Harry Potter and the Prisoner of Azkaban	J・K・ローリング	ハリー・ポッターとアズカバンの囚人
41	Heart of a Samurai	マージ・プレウス	ジョン万次郎 海を渡ったサムライ魂
42	Heidi	ヨハンナ・シュピーリ	アルプスの少女ハイジ
43	Holes	ルイス・サッカー	穴
44	How Starbucks Saved My Life	マイケル・ゲイツ・ギル	ラテに感謝！ 転落エリートの私を救った世界最高の仕事
45	Howl's Moving Castle	ダイアナ・ウィン・ジョーンズ	ハウルの動く城
46	Jane Eyre	シャーロット・ブロンテ	ジェーン・エア
47	Jonathan Livingston Seagull	リチャード・バック	かもめのジョナサン
48	Journey to the Center of the Earth	ジュール・ヴェルヌ	センター・オブ・ジ・アース
49	Killing Commendatore	村上春樹	騎士団長殺し
50	Kwaidan	小泉八雲	怪談
51	Little Women	ルイーザ・メイ・オルコット	若草物語

No	書名	著者	邦訳タイトル
52	Master of the Game	シドニィ・シェルダン	ゲームの達人
53	Me Before You	ジョジョ・モイーズ	ミー・ビフォア・ユー きみと選んだ明日
54	Moby Dick	ハーマン・メルヴィル	白鯨
55	Murder on the Orient Express	アガサ・クリスティー	オリエント急行の殺人
56	Never Let Me Go	カズオ・イシグロ	私を離さないで
57	Norwegian Wood	村上春樹	ノルウェイの森
58	Oliver Twist	ディッケンズ	オリバー・ツイスト
59	Origin	ダン・ブラウン	オリジン
60	Peter Pan in Kensington Gardens	ジェームズ・バリ	ケンジントン公園の ピーター パン
61	Phantoms	ディーン・クーンツ	
62	Pippi Longstocking	アストリッド・ リンドグレーン	長靴下のピッピ
63	Pride and Prejudice	ジェーン・ オースティン	高慢と偏見
64	Q & A: Slumdog Millionaire	ヴィスカス・ スワラップ	ぼくと1ルピーの神様
65	Steve Jobs	ウォルター・ アイザックソン	スティーブ・ジョブズ
66	Sword Art Online 1 : Aincrad	川原礫	ソードアート・オンライン アインクラッド
67	The Adventures of Tom Sawyer	マーク・トウェイン	トム・ソーヤの冒険
68	The Bone Collector	ジェフリー・ ディーヴァー	ボーン・コレクター

No	書名	著者	邦訳タイトル
69	The Catcher in the Rye	J・D・サリンジャー	ライ麦畑でつかまえて
70	The Client	グリシャム	依頼人
71	The Door into Summer	ロバート・A・ハインライン	夏への扉
72	The Elephant Vanishes	村上春樹	象の消滅 短篇選集 1980-1991
73	The Giver	ロイス・ロリー	ギヴァー 記憶を注ぐ者
74	The Great Gatsby	フランシス・スコット・キー・フィッツジェラルド	グレート・ギャツビー
75	The Hunger Games	スーザン・コリンズ	ハンガー・ゲーム
76	The Life and Adventures of Robinson Crusoe	ダニエル・デフォー	ロビンソン・クルーソー
77	The Little Prince	アントワーヌ・ド・サン＝テグジュペリ	星の王子さま
78	The Memoirs of Sherlock Holmes	コナン・ドイル	シャーロック・ホームズの思い出
79	The Notebook	ニコラス・スパークス	きみに読む物語
80	The Other Wes Moore: One Name, Two Fates	ウェス・ムーア	
81	The Phantom of the Opera	ガストン・ルルー	オペラ座の怪人
82	The picture of Dorian Gray	オスカー・ワイルド	ドリアン・グレイの肖像
83	The President Is Missing	ジェイムズ・パタースン、ビル・クリントン	大統領失踪
84	The Princess Diaries	メグ・キャボット	プリティ・プリンセス

No	書名	著者	邦訳タイトル
85	The Return of Sherlock Holmes	コナン・ドイル	シャーロックホームズの帰還
86	The Scarlet Letter	ナサニエル・ホーソーン	緋文字
87	The Shining	スティーブン・キング	シャイニング
88	The Story of Doctor Dolittle	ヒュー・ロフティング	ドリトル先生アフリカ行き
89	The Time Machine	ハーバート・ジョージ・ウェルズ	タイム・マシン
90	The War of the Worlds	ハーバート・ジョージ・ウェルズ	宇宙戦争
91	The Wind-Up Bird Chronicle	村上春樹	ねじまき鳥クロニクル
92	The Wonderful Wizard of Oz	ライマン・フランク・ボーム	オズの魔法使い
93	Time Traveler's Wife	オードリー・ニッフェネガー	きみがぼくを見つけた日
94	Twilight	ステファニー・マイヤー	トワイライト
95	Walden	ヘンリー・デイヴィッド・ソロー	ウォールデン 森の生活
96	War and Peace	レフ・トルストイ	戦争と平和
97	Where the Crawdads Sing	ディーリア・オーエンズ	ザリガニの鳴くところ
98	Wind Pinball	村上春樹	風の歌を聴け＆1973年のピンボール
99	Wonder	R・J・パラシオ	ワンダー Wonder
100	Wuthering Heights	エミリー・ブロンテ	嵐が丘

［参考文献・資料］

書籍

『英語教師のための第二言語習得論入門』（白井恭弘）大修館書店

『外国語学習の科学—第二言語習得論とは何か』（白井恭弘）岩波書店

『英語リーディングの科学 —「読めたつもり」の謎を解く』（卯城祐司）研究社

『英語上達 12 のポイント』（門田修平）コスモピア

『シャドーイング・音読と英語習得の科学』（門田修平）コスモピア

『いっぱい読めばしっかり身につく 今日から読みます 英語 100 万語 !』
（古川昭夫・河手真理子・酒井邦秀）日本実業出版社

『世界記憶力グランドマスターが教える 脳にまかせる勉強法』（池田義博）
ダイヤモンド社

『一生使える脳 専門医が教える 40 代からの新健康常識』（長谷川嘉哉）
PHP 研究所

論文等

三浦勲夫・佐藤勝一「英語の速読速解指導とその波及効果」『Artes liberales』, 44,
1989

竹田眞理子・井上智義「英語速読能力の心理学的研究」『和歌山大学教育学部教育実践総
合センター紀要』18, 51-57, 2008

生田好重「英語教育における効果的な英単語記憶方法の開発への試み：英単語の記憶保
持に肯定的感情が及ぼす効果から」近畿大学短大論集 41(1), 47-57, 2008-12

小林潤子「英文の速読力を高めるための指導方法考察」『STEP BULLETIN』21, 243-
261, 2009

中野達也「多読は速読に有効か?」『STEP BULLETIN』26, 100-117, 2009

Keith Rayner, Elizabeth R. Schotter, Michael E. J. Masson, Mary C. Potter, and
Rebecca Treiman "So Much to Read, So Little Time: How Do We Read, and Can
Speed Reading Help?" Psychological Science in the Public Interest 17(1), 4-34 ,
2016

［特別協力］

大木 晴世	福田 映子
大西 勇一	藤原 麻衣子
久野 晃子	松村 まゆみ
シミズ キョウコ	宮島 真理子
白岩 亜紀	森 順子
Nami Jinda	山神 あき子
須田 巌	山田 英明
田中 久寛	吉村 彪人
長瀬 勝浩	劉 英玉
西岡 秀加	渡辺 祐太

（敬称略・順不同）

1ヶ月で洋書が読めるタニケイ式英語リーディング 改訂版

2022年11月1日　初版第1刷発行

著者　　　　　　　　　　谷口 恵子

[制作]
編集　　　　　　　　　　玉村 優香
表紙・ブックデザイン　　藤原 夕貴
DTP　　　　　　　　　　玉村 菜摘
印刷・製本　　　　　　　株式会社シナノパブリッシングプレス

[発行情報]
発行人　　　　　　　　　谷口 一真
発行所　　　　　　　　　プチ・レトル株式会社
　　　　　　　　　　　　115-0044 東京都北区赤羽南2-6-6
　　　　　　　　　　　　　　　　スカイブリッジビル地下1階
　　　　　　　　　　　　TEL: 070-3310-0117 FAX: 03-4496-4128
　　　　　　　　　　　　Mail: book@petite-lettre.com
　　　　　　　　　　　　http://petite-lettre.com

ISBN 978-4-907278-79-3